世界レベルの利益体質をつくる
科学的ノウハウ

営業戦略大全

宮下建治

ダイヤモンド社

はじめに

名刺を投げ捨てられて、決意したこと

1985年、P&Gに入社直後の春のことを今もよく覚えています。グローバルに展開する外資系で世界でも最大手のメーカーに入社したと、意気揚々と東京・大田区にあるドラッグストアに飛び込みセールスの訪問をしたことがありました。すると、難しい顔をした店長さんらしき方が出てこられたのです。

ご挨拶しつつ、名刺をお渡ししたところ、けんもほろろにこう言われました。

「P&Gかぁ。お前のところはスーパーで安売りばかりして、全然ここでは売れねぇし、儲かんねぇんだよ。今忙しいから、帰ってくれ!」

その場で私の名刺は、床に放り投げられました。私にとっては、なんとも大きな衝撃でした。しかし、その後、同じようなクレームを他のお店でも経験することになります。

商談後、込み上げてくる虚しさと悔しさをこらえつつ、「いつかこの状況を改革してやる!」という決意を抱いたことを、今も鮮明に記憶しています。

当時のP＆Gの売り上げ規模は約300億円。実はその数年前まで500億円規模だったものが、大きく売上を落としてしまっていました。その理由は、ブランドが完全にコモディティ化し、商品の安売りが慢性化していたからでした。

チラシを入れても売れなくなり、得意先からは「儲からないから売らない」というブランドになってしまっていた。こうなると、店頭での露出も落ちます。そうすると、ますます売れないという完全な負のスパイラルに入っていたのでした。

実際、私が入社した1980年代は、スーパーマーケットのチラシの目玉となりやすい衣料用洗剤は、お徳用サイズ4・1キログラムが特売で980円から1080円ぐらいの価格で販売されていました。

そんな中、P＆Gの主力ブランドであり、テレビCMの効果もあり、認知度も高かった「全温度チアー」は、特売の目玉にされることが少なくありませんでした。その特売価格は頻繁に980円を下回り、まれに製販価格に近い800円台のチラシ特売が出現したこともありました。

そのため、消費者には安売り（コモディティ化した）ブランドとして認識され、魅力度も低下。スーパーやドラッグストアで980円のチラシを入れてもらっても売れず、なかなか売上・利益に貢献できなかったのです。

こうしてP＆Gは、小売業と代理店にとって儲からない「好まざるメーカー」としての評判が広がりつつあったのでした。

私はそんなことはまったく知らず、会社に入ってしまったのです。会社は、仕組みとして安売りを放置してしまった。これは、経営の責任であり、営業の責任でもあるし、マーケティングの責任でもありました。

とにかく安売りをして短期的に売上を取りにいく。そんなことばかりをやっていると結局、商品は死んでしまうのです。

日本の営業が、変わるときが来た

P&Gというと、マーケティング職が活躍しているイメージを持たれる方も多いかもしれません。しかし、世界に約120あるP&Gのエリア組織では、昔はほとんどがマーケティング出身者だったトップが、今やその約7割が営業出身者になっています。

製品事業部ごとのグローバルの経営トップも、昔は5人中全員がマーケティングでしたが、今は3人が営業出身です。

営業に求められる期待が、それだけ大きくなってきている、ということだと思います。市場でリアルに勝つための能力をどう作るか。それが、厳しく問われてきているのです。

重要な変化は、営業が営業という従来の職種名では表現しきれない仕事になってきている、ということも言えると思います。

実際、「マーケティング思考」で独自の流通網を築き、卸店や小売企業との強い絆を育み、お客様の店舗体験価値を向上させ、消費者に提供する価値に応じた「値上げ」を継続しながらも購買客数を維持して市場シェアを拡大していく。P&Gが育ててきたのは、そんな総合的なプロデュースができる営業でした。

P&Gではすでに2000年にセールスという名称が組織からなくなり、カスタマー・ビジネス・デベロップメントという名称に変わりました。得意先のビジネスを発展させる。これこそが、ミッションになったのです。

一方で、日本の多くの企業の営業はどうでしょうか。今なお、とにかく得意先に買ってもらえばいい、といった旧態依然とした前近代的な営業が続いていたりはしないでしょうか。近代的な組織が取り入れられているでしょうか。科学的なアプローチが取られているでしょうか。競合とパイを奪い合うような仕事が、展開されたりはしていないでしょうか。

私は1985年にP&Gジャパンに入社して営業のキャリアをスタートさせ、営業組織改革、取引制度改革などにも携わりながら、2005年から取締役営業本部長を務めていました。2007年には日本マクドナルドに転じ、取締役上席執行役員として営業本部長を含むさまざまな役職やプロジェクトに携わりました。

私の入社時から現代に至るまで、P&Gは日本での売上規模を10倍以上にしています。それを可能にした要因の一つとして、間違いなく近代的な営業体制の確立があったと思っています。交渉を科学的に理解する。安売りをせずに売る。得意先である卸店や小売企業との間で双方がWin-Winを実現する。パイを奪い合うのではなく、パイを大きくする取り組みを行う……。

しかし、私がP&Gに入社した当時は、そうではありませんでした。まだまだ古い体質が残されていたのです。私の営業キャリアのスタートは、前近代的な日本の商習慣との長い戦いの始まりでもありました。

P&Gは、いかにして独自の流通網を築き、卸店や小売企業との強い絆を育んだのか。いかにして、売上を大きく拡大させ、コモディティ化を防ぎ、市場シェアを拡大させていったのか。いかにして日本発の人材が、中国をはじめ海外で活躍していったのか。

また、日本マクドナルドが、どのようにサプライヤーと協働し、お客様の店舗体験価値を向上させ、値上げをしながらも来店数を維持して成功を収めたのか。

私自身の体験をベースに、科学的な営業の考え方について、詳しく記すことを目指したのが、本書です。

私は現在、消費財メーカーやスタートアップ企業の経営と営業戦略のコンサルティングとアドバイザーを務めていますが、残念なことに、日本の市場では今なお前近代的な商習慣が罷《まか》り通っているケースが少なくないと感じています。

だから、市場が大きくなっていかない。消費者が求める製品が出てこない。日本の「失われた30年」には、少なからず変われなかった営業という課題があったのでは、と思うのです。

一方で、前近代的な営業から近代的な営業へ、非科学的な営業から科学的な営業へ、という大きな転換を目指そうとしている会社も少なくないのではないかと思います。

これからの営業に求められているのは、単なる商品やサービスの販売にとどまりません。流通パートナーとの戦略的な協働や、お客様の価値創造、共感を生み出す取り組みこそが求められているのです。そのためには、個々の営業のスキルやマインド、流通の仕組みや取引制度、営業組織を変えていくことが必要になります。

では、いかにして変えていくか。そのために必要な考え方と科学的ノウハウをこの一冊にまとめてみました。

「営業戦略大全　世界レベルの利益体質をつくる科学的ノウハウ」　目次

第1章 今なぜ「新しい時代の営業」が必要なのか？

第2章 営業コミュニケーション力を高める2つの話法

第3章 交渉する前に考えよ！「つながる、伝わる、営業スキル」

第4章 P＆Gを大きく変えた「代理店」の絞り込み

第5章
「値下げ」に頼らない営業の仕組み

第6章 顧客を減らさず「値上げ」を可能にする方法

第7章

最前線の現場を後方支援せよ！「新時代の営業組織」とは？

終章 私がいつも大切にしていた10のこと

第1章

今なぜ「新しい時代の営業」が必要なのか？

やめましょう！
「前近代的な営業」を

昭和の押し込み営業の虚しさを痛感した新人時代

日本の高度成長期の大量生産、大量消費の時代に生まれた営業スタイルがあります。「前近代的営業」と呼んでもいいかと思います。

先にも書いた通り、私は１９８５年にＰ＆Ｇジャパンに入社。日用雑貨の営業を担当することになりましたが、その頃、当たり前のように行われていた「昭和の営業」に驚かされることになりました。

営業の評価基準は卸店への納品売上がベースになっていました。ですから営業は毎月、月末に卸店の倉庫にいかに商品を押し込むか、が勝負だったのです。

物理的に新たな在庫を置くスペースがない場合には、外部に倉庫を借り、そこで商品をしばらく預かってもらい、それを売上計上することもありました。「預かり」と呼ばれていた、悪しき営業の習慣でしたが、それが定着してしまっていたのです。

卸店には余分な在庫を負担してもらうわけですから、月末の押し込みセールスは通常以上の値引き条件が必要でした。

月末に頑張って押し込んで営業成績を上げた営業パーソンほど、翌月になっても在庫消化に時間がかかり、なかなか売り上げが上がっていきませんでした。そして月末にまた同じような押し込みセールスを繰り返さなければいけないという負のスパイラルから抜け出せない状況に陥っていました。

そんなある月末、卸店の倉庫の奥に向かった私は、衝撃的なものを目にすることになります。それは、「フランソワーズ・モレシャンさん監修のカレンダー」が景品としてベタ付けされていた液体洗剤の「ボーナス」の大量在庫でした。景品のカレンダーは1年前のもので、在庫は埃をかぶっていました。これらはすべて、ベタ付き景品を外さないと売り物にはならない「負の在庫」なのです。

私はその月、同じ液体洗剤のボーナスを押し込みセールスしようとしていました。そのボーナスには、新しい景品であるハーレクインロマンスの小説がベタ付けされているものも含まれており、なんとも言えない虚しさを感じたことを今も覚えています。

しかし私が入社した年に米国からやってきて日本の社長に就任したダーク・ヤーガー氏（後のグローバルCEO）は、大胆な営業改革に挑むことになります。

無駄な物流在庫と無駄な仕入れのための値引きを削減し、卸店の在庫回転率を向上するために、不合理な月末押し込みセールスを禁止したのです。

お猿さんがバナナをかじっているイラストのビジュアルに「預かり、空売り、モンキービジネス」とコピーが記されたポスターが、本社のオフィスや営業所に張り出されました。

これが、苦悩していた多くの営業部員を、不毛な商習慣から解放することになります。この営業改革を起点に、その後、P&Gジャパンは卸店流通戦略、取引制度改革、小売企業との「協働ビジネスプラン」「ショッパー・マーケティング」などを次々と実施。営業スタイルを近代化させ、のちの持続可能な成長に導く基盤を築くことになります。

P&Gジャパンの売上は今、当時の10倍以上の規模になっています。それを可能にしたのは、間違いなく一連の営業改革の取り組みでした。

パイを奪い合うのか、一緒にパイを大きくするのか

月末の押し込み営業まではいかなくても、「前近代的な営業」がまだ残っている業界は、少なくないのではないでしょうか。やたらと多い飲み会にゴルフ会、さらには手間のかかる膨大な事務作業。価格や販促金をめぐってバイヤーと切った張ったのネゴシエーション……。

「前近代的な営業」と「近代的な営業」を比較して左の表にまとめてみました。時代は大きく変わり、今や営業が重要顧客として見つめるべきはバイヤーのみならず、ショッパー（消

やめましょう！　前近代的な営業を

特徴	前近代的営業	近代的営業
時代背景	高度成長、 大量生産・大量消費	消費者の価値観の多様化、デジタル化、社会・環境問題、少子高齢化
重要顧客	卸店、小売	バイヤー（小売）、ショッパー（消費者）
セールス目標	セルイン	セルアウトと連動したセルイン
営業スタイル	月末押し込み販売 値引き販売	課題解決型・コンサル型営業 得意先との協業 お客様起点の需要創造
重要営業スキル	交渉術 人間関係の構築	顧客理解（バイヤーとショッパー）、カテゴリー計画管理、ショッパー・マーケティング
主要パートナー	卸店	小売
主要リソース	価格プロモーション、セルイン用販促金	ユーザー・ショッパー知識、販売（ID-POS）データ、フィールド・マーチャンダイザー、リテール・メディア
テクノロジーの活用領域	受発注	商談準備、ユーザー・ショッパー理解、情報共有、トレーニング、業務効率化、販売予測
店舗での価値訴求	価格中心	お客様の重視する体験価値と、それに見合う価格
売手・買手の関係	パイの奪い合い	パイの協働での拡大
消費財市場への影	デフレーション	適度なインフレーション

費者）になっている点が特に要注意なところです。

押し込み販売や値引き販売ではなく、課題解決型、得意先との協働、お客様起点の需要創造などが必要になっています。交渉術や人間関係の構築以上に、バイヤーとショッパーという顧客理解、さらにはマーケティング感覚が求められるようになってきているのです。

また、卸店ではなく、小売企業を主要パートナーとする意識。店頭では、価格訴求から、お客様の重視する体験価値と、それに見合う価格の訴求を。そして、「限られたパイを奪い合う関係」から「お客様の期待に応えるおいしいパイを協働して調理・販売する関係」へ。

「前近代的な営業」から脱却できない業界や企業は、流通パートナーである卸店や小売企業の収益性と効率性にネガティブな影響を与えます。バリューチェーン全体が付加価値を生めない体質に陥り、結果として財務的、ブランド的、人的な価値向上に苦しみ、収益力と成長力を失っていきます。

実際、今もなお、卸店が小売企業よりも力を持っている業界もありますが、そうなるとメーカーは「問屋さんにさえ押し込んでおけば」となってしまいます。小売業も、問屋に任せておけば、勝手に商品を揃えてくれる、となります。

しかし、卸店はどうしても売上の大きなメーカー、関係のいいメーカーの扱いを増やしていくことになります。これでは、新しい市場に参入しようとするメーカーは入っていけないし、新しい市場を作るのも難しい。消費者は新しいものを望んでいるけれど、新しいものが市場に出ていかない。価格の柔軟性も作れない。これでは、市場は伸びない。

伸びていない産業の典型的なケースとして、お酒（日本酒・焼酎等）があると思います。健康意識の高まりや若者のアルコール離れなどもいわれていますが、お酒の市場は伸びていません。背景の一つは、中小企業の酒造メーカーに比べて卸店が強いことだと私は思っています。

いいお酒はたくさんありますが、卸組合の影響力と特約店制度の下では卸価格は勝手に決められない。中小のメーカーには、高く売れる価値があるいいお酒を造っていても、簡単に実現できない。直接、小売企業に営業しようにも、そんな営業力は中小にはない。こうした流通構造が、高く売れる商品を売れなくしてしまっているのです。

一方で、「納豆」のように、この30年で3倍以上の規模になっている商品もあります。健康的な発酵食材ですから人気が出るのはわかりますが、なぜここまでの規模になったのか。背景には、新しい流通の開発があったことは間違いないと思います。

P&Gが扱う洗剤や石鹸も、放っておけば、どんどんコモディティ化して、価格が下がっていったはずです。しかし、価格を落とさずに売り上げを右肩上がりにしてきました。しかも、業界全体で成長してきました。デフレの時代に、大きく成長してきたのです。

「前近代的な営業」の習慣が根付いてしまっている業界ほど、消費者の価値を創造し、価値を伝え、価値と売り上げを交換することができていません。結果として価格転嫁も進まず、生産性の向上にも苦しんでいる。さらに言えば、日本の産業全体の成長の足かせになっていると言っても過言ではないと思います。

「前近代的な営業」を続けていると、いつまで経っても市場は「失われた30年」のまま市場成長を実現できず停滞を続けることになります。

P&Gの営業を大きく変えた「営業企画」

私はP&Gジャパンに入社後1年半ほどで、流通戦略部に異動しました。ここは、卸店を絞り込む役割を持っていました。また、取引制度を変えることで、安売りにならない仕組みを作り上げることになります。

さらに、お客様であるショッパーにどう価値を理解してもらうか、伝えるか、というところで店頭を変える取り組みにも挑みました。

振り返ってみると、P&Gの営業で最もエポックメイキングだったのは、営業の中に「営業企画」という部署を、おそらく消費財の業界では真っ先に作ったことだと思います。

「営業企画」は、現場のセールスとマーケティングの橋渡し役です。商品が最もバイヤーに受け入れやすいようなプロモーションや価格設定、マージン設定をするだけではありません。「営業はバイヤーに売るだけではダメだ、その先までどう売るかをちゃんと考えないといけない、営業が動くための知恵を」という考えのもとで生まれた部署でした。

製品事業部に「営業企画」がそれぞれ作られ、市場調査、マーケティング、製品開発、サプライチェーン、テクノロジー、財務、物流のメンバーと連携する体制が構築されました。お客様にモノを買っていただくには、いろいろな仕掛けが必要です。それを「営業企画」という全関連部署のメンバーが営業と一緒に作っていったのです。

各職種のメンバーは、各部門での仕事をしながらも「営業企画」にも参画し、部門を超えてチームとして協働していました。メンバーは数年で入れ替わりますが、各職種は営業を理解します。一方で、営業は各職種を理解できる相乗効果のある仕組みでした。

この「営業企画」の威力を知ったのが、私が入社2年目、生理用品の「ウィスパー」という商品が大ヒットしたときです。もとより商品として画期的で圧倒的な吸収力を持っていました。

では、それをどう伝えるか。「営業企画」が考えたのは、ユニークな販売方法でした。バイヤーの前で、デモを行うこと。アタッシュケースに実験道具を入れ、人工経血を「ウィスパー」と競合の商品、両方に垂らす。吸収するスピードなど、機能をわかりやすく理解してもらう。そんなデモを行ったのです。

「営業企画」の指導のもと、営業は所作から何から事前に練習し、デモに取り組みました。そうすると、大変な勢いで商品が店頭に並びました。バイヤーが説得されると、こんなに店頭に商品が並ぶのか、と実感したのでした。

そして常識を覆す出来事が起こったのです。通常、特売は値引き商品が並びます。ところが、「ウィスパー」は値引きゼロでも売れたのです。そうすると、小売企業の利益も上がります。「P&Gは利益に貢献してくれる会社だ」となれば、その後のバイヤーの対応も変わります。

こうして「営業企画」をバックボーンに、営業はバイヤーを動かし、消費者にアプローチする動きを加速させていったのでした。

P&Gというとマーケティング職が活躍しているイメージを持っている人も少なくないようです。たしかにかつても今も、マーケティングが大きな影響力を持っています。しかし、今はマーケティングを学んだ営業が、どう総合プロデュースをするか、という点にこそ注目が集まっています。

その証拠に、世界に約120あるP&Gのエリア組織のうち、そのトップは昔、ほとんどがマーケティング出身者でしたが、今は約7割が営業出身です。製品部ごとのグローバルの社長も、昔はほぼ全員がマーケティングでしたが、今は半分以上が営業出身です。

市場で勝たなければいけない能力をどう作るか。その変化の表れだと思います。

マーケティングとは顧客の価値の創造・交換

「マーケティング思考の営業」が必要になっている

今、営業に求められる能力は何か。シンプルに言えば、マーケティング能力、ということになるかと思います。

全米マーケティング協会の定める最新（2024年時点）のマーケティングの定義は以下です。

「マーケティングとは、顧客、依頼人、パートナー、社会全体にとって価値のある提供物を創造・伝達・配達・交換するための活動であり、一連の制度とプロセスである」

営業は、このプロセスに相乗効果を与えることができる存在です。興味深いデータがあります。

次頁の図はマッキンゼーが調査したものですが、「市場より速く成長していると思うか」という設問に対し、営業とマーケティングがどう相関しているかを示しています。

マーケティングと営業の強さが市場を超える成長をもたらす

「市場より速く成長していると思うか」という設問に
「そう思う／どちらかと言えばそう思う」と答えた割合

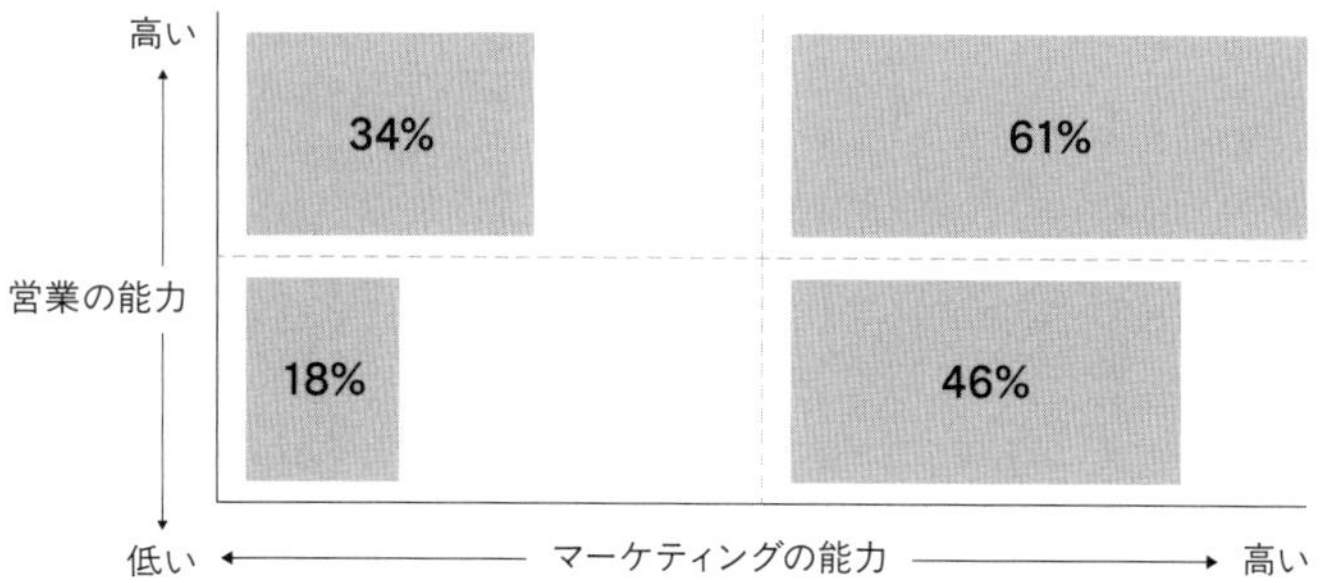

（出典：マッキンゼー提供のコマーシャル能力評価ツール）

これを見ると、営業の能力の高さ以上に、マーケティングの能力の高さが成長に大きく影響していることがわかります。また、営業とマーケティング、両方に強さを持っている会社は、さらに強い。当たり前に思えますが、改めて行われた真面目な分析で、客観性があって面白いと思いました。

市場より速く成長している、とはつまり、市場の成長に勝ち、シェアが上がるということです。勝ち組企業は、シェアを上げていくわけですが、マーケティング能力がいかに必要か、ということがわかります。

そして、そこに営業の力が加わると、大変な爆発力を持つことができるようになるということです。

マーケティングをもっと平たく言えば、こういうことでしょうか。

①対象顧客を定義し、②顧客の価値を創造し、③顧客に価値を伝え、④顧客と価値を交換するプロセス。

営業は消費者に価値を伝える前の段階で、まず流通のパートナーである小売企業のバイヤーに、商品がもたらす価値を伝える役割があります。この第一関門は、マーケティングの担当者には突破できないものです。営業が唯一、門を開けることができるのです。

うまく伝えるためには、伝えやすい関係を作っておかなければいけない。「こいつの言うことは聞いてやろう」とバイヤーに思ってもらえるか。いかに、そうしたいい関係を作れるかが問われるのです。

バイヤーとの関係を構築したら、次は消費者にとっての価値をバイヤーと一緒に共創することが求められます。そうすることで、需要創造プロセスをバイヤーと協働で推進する役割を演じることができるのです。

世界トップクラスのメーカー、サプライヤー企業は、営業とマーケティングの連携の重要性を理解しています。営業とマーケティングは法人顧客とも連携し、消費者のニーズを深く理解し、それを商品やサービスの提案に活かしています。

とりわけ法人営業は、市場の動向や顧客企業の要求をリアルタイムで把握する必要があります。そのためにも、営業単独では困難な課題に対し、マーケティングと協働して迅速に対応することが成功の鍵となるのです。

第2章

営業コミュニケーション力を高める2つの話法

これが基本！
バイヤーが必ずうなずく商談話法

P&Gの営業が活用する「コンセプチュアル・セリング」

近代的な営業を行うときにその基礎となるのは、個々の営業パーソンの能力です。かつてはその能力は経験で磨くしかないものでしたが、科学的に分析すればもっと早く身につけることができます。この章では、営業パーソンのスキルについて、科学的に述べたいと思います。

コミュニケーション力は、営業の最重要スキルと言っていいと思います。とりわけ商談話法の腕を磨くことは、顧客企業とのリレーションを円滑にし、お互いの理解を深め、信頼関係の構築に大きく役立つことになります。それこそ、営業相手からの不満を防ぐことができます。

また、話すことだけでなく、聞くスキルを磨くことで、顧客のニーズや期待を正確に把握

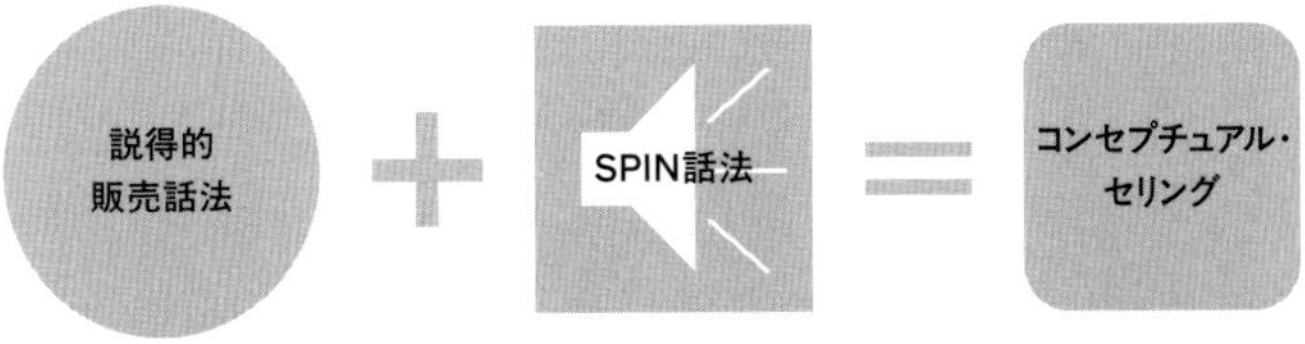

6つの成功要因		
顧客理解	バイヤーの心の窓	診断的質問
顧客価値	クロージング	接触頻度

コンセプチュアル・セリング

し、適切な解決策を提示していくための手段になります。

話す、聞くといった商談話法については、私が趣味で行っている剣道の流派のように、実にさまざまな型やパターンがあります。

商談の目的、顧客企業の課題・ニーズの理解度、売り込む商材に対するバイヤーの理解度、バイヤーとの関係密度などによって、最も効果的な話法を選択し、状況に応じて調整し、商談成立に結びつけていく、というスタイルもあります。

これまで40年にわたり、私は社内研修や本、文献で学んだ、さまざまな話法を学習し、実践してみました。そんな中で、私が営業のみならず、営業以外（社内稟議、ベンダーとの交渉、渉外、店舗開発など）でも活用して効果があったと考えているのが、

「コンセプチュアル・セリング」です。

これは、P&Gが長きにわたって営業で活用しているもので、最も効果的で汎用性があり、多くの人に勧めたいと感じてきました。

P33の図にあるように「コンセプチュアル・セリング」は、「説得的販売話法」というシンプルな5ステップの話法を基本プロセスとして、診断的質問の「SPIN話法」(P&Gでは説得的質問話法と呼称)を組み合わせて活用します。

顧客のニーズを深く掘り下げ、顧客の価値をコミュニケーションし、自然な流れで提案へとつなげる、効果的で汎用性の高い話法です。

「コンセプチュアル・セリング」の特徴は、顧客中心のアプローチだということです。顧客のニーズと期待に深く寄り添い、その解決策を提供することを目的としています。

まずは、「コンセプチュアル・セリング」を成功させるために重要な「6つの成功要因」を以下に掲げます。

1. 顧客理解:

営業活動の開始前に、顧客のビジネス背景、競合情報、過去の購買履歴などを調査し、顧客の置かれているビジネス状況、課題などを理解します。

また、買物客の調査(ショッパーリサーチ)により、小売りのバイヤーも気づいていない得意先の課題も適宜、把握します。

これらの情報は、後の段階でバイヤーに具体的かつ関連性の高い質問と提案をするためにも利用されます。

2．バイヤーの心の窓：

顧客との面談では営業が一方的に話すのではなく、顧客のビジネスやバイヤー個人に対する誠実な興味と理解を示します。そうすることで、良い印象と安心感を植え付け、バイヤーの心の窓を開け、こちらの言い分を聞いてもらえる環境を整えます。

3．診断的質問：

顧客の現状を理解し、潜在的なニーズや課題や解決につながる示唆を引き出したり、バイヤーの認識と自分の理解が一致しているかを確認するための質問を行います。

このプロセスは、バイヤー自身も自社の状況を確認、再評価する機会となり、より効果的な提案につながります。

4．顧客価値：

事前に収集した情報とバイヤーからのフィードバックをもとに、アイデア（解決策）を提示します。この際、顧客企業やバイヤーにとって、この提案がどんな価値があるのか、ビジネスに与える具体的なメリットを明確に伝達することが重要となります。

営業によっては、消費者の便益ばかりを強調するケースがありますが、それでは本当の魅力を伝えられていない。あくまで顧客企業やバイヤーにとっての価値を意識します。

5. クロージング：

どうやって最終的にイエスと言ってもらうか。アイデア（解決策）の提案後、バイヤーからの質問に明確に答え、不安や疑問を解消する。その上で、提案の成約を目指します。この段階で柔軟性を持ち、バイヤーの要望に応じて提案の調整が可能な場合は、その選択肢を提供することも重要です。

6. 接触頻度：

商談には一度で終わる商談と接触頻度をたくさん持つ必要のある商談があります。さらに契約後もバイヤーとコンタクトを絶やすことなく定期的なフォローアップを行い、提供した製品やサービスがバイヤーの期待を満たしているかを確認します。

また、新たなニーズが生じていないか、定期的にチェックすべく、持続的な接触頻度の維持と関係構築をします。

「コンセプチュアル・セリング」は、単発的に製品をただ売るのではなく、顧客が直面する問題を解決するパートナーとしての役割を演ずるための話法です。この手法を通じて、営業は顧客からの信頼を獲得し、ビジネスの成功につながる長期的な関係構築を目指すことができます。

「説得的販売話法」を実現するための5つのステップ

「コンセプチュアル・セリング」は2つの話法の組み合わせです。一つが「説得的販売話法」で、もう一つが「SPIN話法」です。

次頁の図に記しましたが、「説得的販売話法」は5つのステップで構成されています。シンプルでありながら、顧客のニーズと期待に深く寄り添い、顧客を理解することで提案を理解され、商談が成立することを目的としています。覚えやすく、かつステップが次につながるようにできているのが特徴です。

P&G時代、マーケティングの担当者が営業の仕事に関わると「説得的販売話法」をよく紹介していましたが、「これはいい」とみんな社内のプレゼンなどにも使っていました。このステップで、いろいろな説明がうまくできてしまうからです。

ここでは、衣料用洗剤（架空の新ブランド「エコクリーンプラス」）の商談を例に、具体

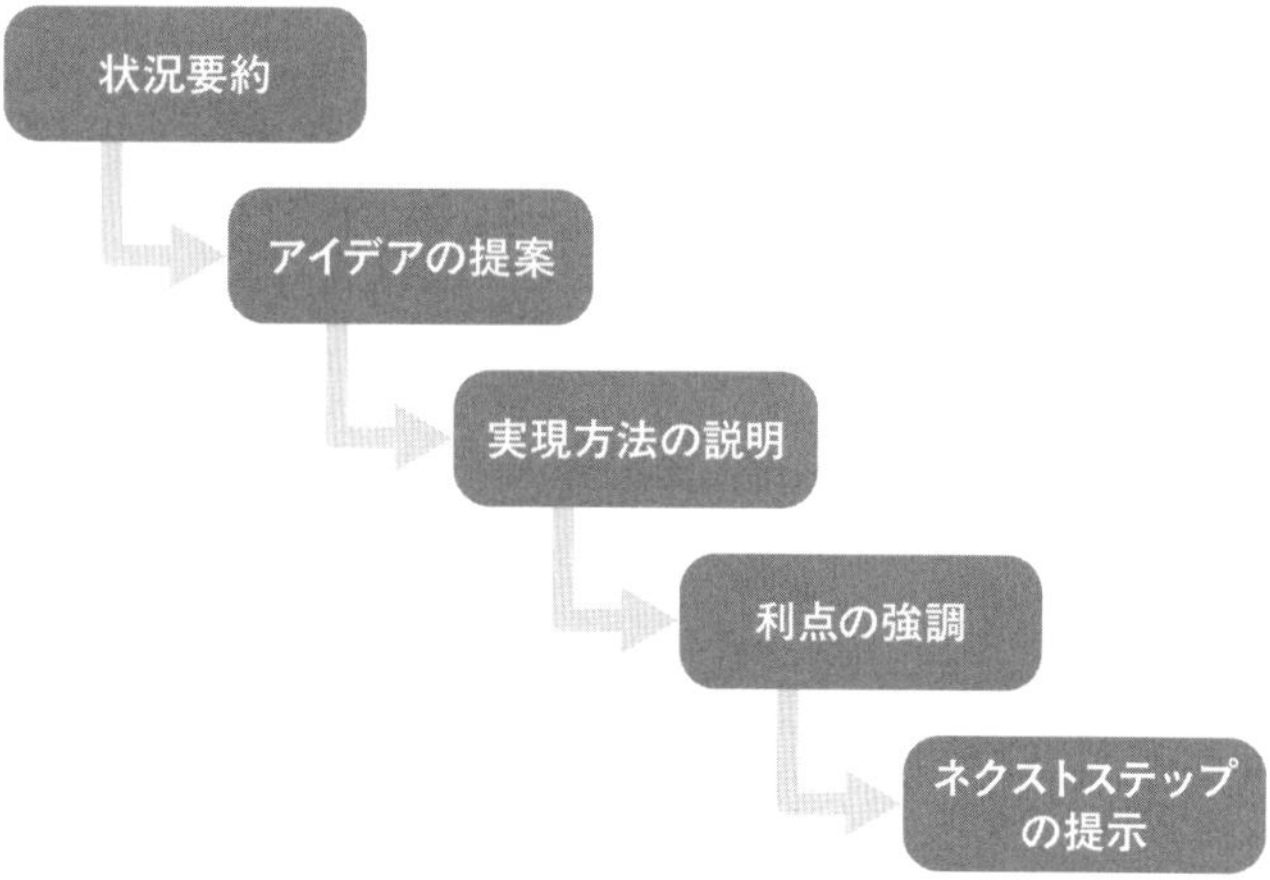

説得的販売話法

的なステップと、その詳細を解説してみましょう。

1．状況要約

商談の目的、背景を伝え、提案前にバイヤーの関心を惹きつけ、心の窓を開ける

事前に調査した、あるいは過去の商談で入手した顧客のビジネス背景、マーケット状況、競合環境などの情報から、顧客の方針や顧客が直面している課題やニーズを把握、それに基づいた質問を行います。

また、状況に応じて後に解説する「SPIN話法」の状況質問、問題質問、示唆質問をして、顧客の認識と自分の理解が一致しているかを確認します。

どんな状況に満足し、不満足なのか、現

状をしっかり理解し、要約することです。このステップがうまくいくと、商談はとてもスムーズに進むことが少なくありません。その意味で、最も重要なステップといえます。

トーク例

●最近、消費者の洗濯に対する意識が変化していると感じていらっしゃいませんか？特に、時短や節水への関心が高まっているようです。

●御社の洗剤売り場では、時短に配慮した製品の需要が増加傾向にあると、いただいたPOSデータの分析でわかりました。この傾向についてどのようにお考えですか？

●前回の打ち合わせで、御社の顧客層が高品質な洗剤を求めているとのことでしたが、その後の検討状況はいかがでしょうか？

一般的に新製品を出すときには、「今、市場はこう伸びています。その理由は、こういった新しい消費者ニーズが生まれ、そこにマッチする商品が必要だからです。この商品も、そのニーズを満たすような商品として開発できました」というアピールをします。

新商品に限らず、こんな提案もあります。

「果物はこの10年、消費が伸びていませんが、キウイは伸びています。4月から7月まではよく売れていますが、8月以降は国産の桃やスイカやブドウが出てきて売り場が縮小されてしまう。利益に貢献しているキウイにもっと注目してほしい。8月に利益を取るためにキウイを売りましょう」

2. アイデアの提案
得意先のニーズ・課題に焦点を当てた提案をする

顧客のニーズや課題に直接対応する解決策を提案します。状況要約はわかった、ではビジネスの課題を解決するために、どんなことができるのか。今日はこんなアイデアがあります、という提案をします。

ここでは、提案がシンプルで明確であることが重要です。バイヤーに「この提案が貴社の問題解決にどう結びついているか」を明確に説明します。

また、状況に応じて提案内容が顧客のビジネスニーズと一致しているかを「SPIN話法」の示唆質問・解決質問で確認します。

トーク例

- そこで、当社が開発した画期的な洗浄力を持つ新洗剤「エコクリーンプラス」をご提案させていただきます。少量で驚くほどの洗浄力を発揮し、環境にも優しい製品です。
- この新製品は、従来の洗剤と比べて半分の量で同等以上の洗浄力を実現します。御社の顧客満足度向上に大きく貢献できると確信しています。

- 「エコクリーンプラス」は、洗浄力だけでなく、柔軟効果も兼ね備えています。これにより、顧客の洗濯プロセスを簡略化し、時短ニーズにも応えられます。

3.実現方法の説明
プランの実現可能性に対する信用を高める

提案を実現するための具体的なプロセスを説明します。先にも触れていますが、バイヤーは具体性がない提案を嫌います。ここでは、提案内容がどのように機能し、問題解決につながるかを明確にすることが重要です。

この説明により、バイヤーは提案が現実的かつ実行可能であることを理解し、安心感を持つことができます。特に新製品に、バイヤーはリスクを感じます。今までトライしたことがないものであればあるほど、実現可能性の説明は重要です。

また、バイヤーからの質問や懸念を積極的に受け入れ、解消する姿勢が求められます。機能の説明が複雑にならざるを得ない場合は、バイヤーに対し、デモンストレーションや商品サンプルを確認してもらい、理解を深めてもらいます。

トーク例

● 新製品導入にあたり、当社の営業企画部が御社専用の販促資材を作成いたします。また当社のラウンダーが効果的な売り場作りをサポートさせていただきます。
● また、店頭でのサンプリングイベントを企画しており、顧客に直接製品の良さを体験していただくことで、認知度と購買意欲の向上が期待できます。
● さらに、御社のECサイトでの販売促進策として、動画コンテンツもご用意しています。製品の特徴や使用方法をわかりやすく説明し、オンライン購入やネットスーパー（店舗ピックアップ）の促進も図ります。

新商品ということで不安がありそうなら、こんな説明も有効です。

● このくらいの価格が妥当だと思いますが、価格弾性値で調べてきました。
● 購入意欲に関して、これだけの数字が出てきています。
● テレビのCMを、発売後最初の週末から4週間で1500入れます。
● こんな面白い消費者プロモーションを予定しています。

4. 利点の強調

バイヤーの疑問・不安のレベルを下げ、商談成立の確率を上げる

営業にはこれが苦手な人が多いのですが、バイヤーにとってのメリットをしっかり伝える

必要があります。提案の利点を強調し、顧客にとっての具体的な利益を示さなければなりません。例えば、コスト削減や業務効率の向上、など。

バイヤーにとってのメリットが伝わっていないと、「いや、ちょっと今日、一応は持ち帰らせてください」といった返答になりがちです。

ですから、テストクロージングといって、「私はこういうことを考えているのですが、バイヤーさんはどう思いますか？」など、利点を説明した後にバイヤーの疑問や購入意向を確認するための質問を活用することも有効です。

さらには必要に応じてリスクも説明し、どのように対処するかを示すことで、バイヤーの懸念を取り除きます。「この点に関しては、こんなテストをしてこんな結果が出ています」といった不安を払拭する対応も有効です。それでも不安な様子であれば「では、一度、持ち帰ります」という対応もありえます。

また、バイヤーからのフィードバックを受け入れ、必要に応じて提案を調整する柔軟性も重要です。

例えば、後述する「SPIN話法」の解決質問をして、顧客の認識と自分の理解が一致しているかを確認することにより、バイヤーがどの程度購入に前向きかを把握することができます。追加説明を行い、購入意向を高め、最終的なクロージングに向けた準備を整えることができます。

トーク例

- 「エコクリーンプラス」の導入により、御社の洗剤カテゴリーの売上が約7～8％、粗利益が約10％増加すると試算しています。これは、高付加価値商品としてのプレミアム価格の位置づけと、リピート購入の高さによるものです。
- 環境配慮型製品として、御社のサステナビリティ活動にも貢献できると考えます。これにより、環境意識の高い顧客層の支持を得られ、ブランドイメージの向上にもつながります。
- 当社の独自技術により、製造コストを抑えながら高品質を実現しています。そのため、御社に魅力的な利益率を提供しつつ、消費者にも手の届きやすい価格設定が可能です。
- この条件で進めるとしたら、どのような点が気になりますか？

利点の強調やテストクロージングは書籍『セールス・イズ』（今井晶也）などの、商談話法の中でも紹介されています。

5．ネクストステップの提示
商品・サービス導入に向けて事案を前に進める

最後に、次のステップを明確にし、商談を前進させるための具体的なアクションプランを提示します。バイヤーが好印象だと感じた段階で、2、3ステップくらいを合意して終わります。

例えば、次のミーティングの日時設定や、必要なフォローアップの内容を明確にします。これにより、バイヤーは次に何をすべきかを理解し、導入プロセスがスムーズに進むようになります。

トーク例

- 次回の商談では、具体的な販促計画と数値目標について詳細をご提案させていただきたいと思います。来週の水曜日はいかがでしょうか？
- 本日のご提案内容をまとめた資料を明日中にお送りいたします。ご検討いただいた上で、追加でご質問等ございましたらお聞かせください。
- もしよろしければ、来月開催予定の当社新製品発表会にもご参加いただければ幸いです。実際の製品をご覧いただき、さらに詳しくご説明させていただきます。

このように「説得的販売」の各ステップに沿って、バイヤーの関心を惹き、製品の価値を効果的に伝え、具体的な行動につなげることを目的としています。状況に応じて適切に組み合わせ、バイヤーとの対話を進めることで、商談の成功確率を高めていくことができます。

生理用品「ウィスパー」の成功でうまくいく確信を得た

「説得的販売話法」の実践として、P&G時代に忘れられない商品があります。先にも少し紹介した生理用ナプキンの「ウィスパー」です。

これまで数十種類の新製品の商談に携わってきましたが、入社2年目に発売になった「ウィスパー」ほど、バイヤーの心を動かした説得的な商談を経験したことはありません。折しも「説得的販売話法」のトレーニングが始まった頃で、それを実践する商材でもありました。

生理用品市場は当時、まったくイノベーションが生まれておらず、停滞していました。消費者が最も悩んでいたのは、経血の多い日の逆流で下着が汚れてしまったりすることでした。そうした悩みを解消する商品がなかったという「状況要約」から商談は始まり、まさに5つのステップで進んでいきました。そしてこのフォーマットを作り上げたのが、「営業企画」のセクションでした。

P&Gは生理用ナプキン市場では後発組でした。しかし、独自構造のシート表面の吸収テクノロジーによる圧倒的な吸収力の高さ、その後、発売された羽付きの横漏れ防止機能などの特徴が市場で大きな支持を得ることになります。

新製品発表会では、研究開発スタッフが、この革新的な製品の特徴を説明し、人工経血を用いて、他社製品との性能比較のデモンストレーションを行いました。

「ウィスパー」と他社製品を一緒に並べ、透明の筒に人工経血を注ぎ、吸収スピードの違いを確認。次に、そのナプキンを傾けて人工経血が流れ落ちないことを明らかにし、最後に透明なプラスチックの分厚い板の上に載せ、そこに体重をかけ、経血が逆流しないことを見せる、というデモでした。

このデモは、営業スタッフを感動させることになりました。全員がこの革新的な製品を売る自信とモチベーションを得た瞬間でした。

営業マン2年目だった私は、バイヤー向けの商談準備を行っていきました。帰宅後、さっそく新製品発表会で学んだ情報を整理しました。

- 生理用品市場の状況（市場規模・成長ポテンシャル）
- 製品開発の背景（消費者ニーズ・課題）
- 製品機能（吸収力・逆漏れなし）
- 消費者のメリット（安心・快適）
- 販売プラン（店舗での価格・棚割り・山積み展開案）

● 得意先の利点（粗利益改善・新規のお客様獲得）
● ネクストステップ

これらをまとめ、職場で人工経血を使って、実演の練習をしました。その実験キットは、当時、営業マンだった私が憧れていたブランド「サムソナイト」のアタッシュケースに入れられていました。

こうして、バイヤーの目の前でプロフェッショナルな実演を行うことになりましたが、すべての顧客企業のバイヤーがユニークな商品機能に興味を示し、どの店頭も生理用品売り場は「ウィスパー」一色に染め上がるほどに露出されたことを鮮明に覚えています。

山積み展開では、サンプルを必ず置いてもらうようにしました。バイヤーにとっての大きな利点は、値引きせずに売れたことです。そうすれば当然、利益率は高まります。

特売商品なのに、定価で売られているというのは、当時としては大きなチャレンジでした。しかし、よく売れました。

そして営業は、この「ウィスパー」の商談を通じて、「説得的販売話法」の有効性をリアルな体験を通して実感し、営業力の底上げにつなげていきました。

ちなみに、「ウィスパー」は女性向けの商品ですが、当時の営業は9割以上が男性。今は約4割が女性になっていますが、女性の営業はまだまだ少なかった。私はまだ若かったですし、さすがに売り場ではキョロキョロしてしまって困ったことを覚えています。

理解してもらっているかがわかる「SPIN話法」

「コンセプチュアル・セリング」を構成する2つの話法のうち、もう一つが「SPIN話法」です。

営業といえば、とにかく話さなければいけないと、一方的に話そうとする営業パーソンがいます。しかし、それではバイヤーは耳を傾けてはくれないものです。

こうなると「聞いてもらえているのかな」と不安になるし、「こいつは全然わかっていないと思われてしまうのではないか」というスベった状態を想像してしまいます。

ですから、自分がしゃべっていることがバイヤーの関心にしっかりつながっているのか、バイヤーの思いに本当に根ざしているのかを確認しながら、石橋を叩きながら話を進めていくのが、本来の営業の話法です。

「SPIN話法」は、そんな営業にとって実践的で有効な対話ツールです。この手法を使いこなすことで、バイヤー（顧客）のニーズをより深く理解し、効果的な提案につなげることができます。

「SPIN話法」は、次頁の表にあるように、4つの質問からなります。

ステップ	意味	目的
S. 状況質問	顧客の現状や背景を理解するための質問	顧客の業務環境や課題の全体像を把握する
P. 問題質問	顧客が抱える具体的な問題や課題を明らかにする質問	顧客が認識している問題点や改善したい点を特定する
I. 示唆質問	問題がもたらす影響や結果を探る質問	問題の重要性と解決の緊急性をバイヤーに認識してもらう
N. 解決質問	解決策がもたらす利益や価値を顧客に考えてもらう質問	バイヤー自身に解決策の意義と価値を認識させ、購買意欲を高めてもらう

SPIN話法のどのステップで何を対話するか？

1. Situation／状況質問：顧客の現状や背景を理解するための質問で、顧客の業務環境や課題の全体像を把握する

今の状況を知るための質問です。深掘りはせず、どうですか、と聞くのが状況質問です。今、バイヤーが置かれている環境だけをサクサクと知るために聞くもの。

注意すべきは、簡単にＹＥＳ／ＮＯで答えられないオープンエンドの質問を使用し、詳細な情報を引き出すことです。そうでないと、ＹＥＳ／ＮＯで会話は終わってしまうからです。また、唐突に質問を始めるのではなく、前置きをした上で質問に移ります。

事前調査は不可欠で、こちら側に有利な会話を進めるための質問などを事前に整理

しておき、予備知識を活かして質問します。やってはいけないのは、不勉強な質問です。こんな基本的なこともわからないのか、と思われないよう、ある程度、勉強した上で質問します。

業界の基礎的なことまで質問すると、顧客の負担となる上、重要な質問に至るまでに不信感を抱かせてしまう可能性があります。もとより状況質問に時間がかかれば顧客に不快感を与える可能性があり、注意が必要です。

一般的に公開されている情報ではわからないような内容をしっかり聞いていく。商談につながりやすい、商談に関係するものだけを聞いていく。そんな意識を持つといいと思います。

質問例

- 現在、御社の洗剤売り場ではどのような商品が人気ですか？
- お客様からどのような洗濯に関する要望やフィードバックをよく受けますか？
- 環境に配慮した製品に対するお客様の反応はいかがでしょうか？

2. Problem／問題質問：
顧客が抱える具体的な問題や課題を明らかにする質問で、顧客が認識している問題点や改善したい点を特定する

どんな問題があるのか、売上を伸ばすどんなチャンスがあるのか、課題やポテンシャルを引き出すための質問です。

具体的な数字や事例を引き出しながら、バイヤーの抱えている問題や障害、不満をヒアリングする質問を心がけます。また、バイヤーが気づいていない潜在的な問題にも焦点を当てます。現在のビジネス状況に対してバイヤーがどう考えるのか、バイヤーの意思・考え・評価を理解できるような質問です。

立て続けに質問すると威圧的な印象を与えるため、適度に顧客が自由に回答できる質問内容や質問ボリュームに注意が必要です。

質問例

- 現在取り扱っている洗剤で、お客様から改善の要望が多い点はありますか?
- 洗浄力と環境への配慮という2つの価値訴求を両立させる上で、何か課題を感じていらっしゃいますか?
- 在庫管理や陳列スペース、バックヤードからの品出し作業に関して、何か困っていることはありませんか?

3. Implication／示唆質問：問題がもたらす影響や結果を探る質問で、問題の重要性と解決の緊急性をバイヤーに認識してもらう

次頁の表のバイヤーのステークホルダー（お客様や現場など）に対し、どんな影響を及ぼしうるか、示唆する質問を有効に活用します。問題が解決されない場合の影響にも言及します。

商品、コスト、労力、時間、スペース、ブランドという経営資源に対するインパクト。お客様の満足度、現場の負荷、小売業のブランドエクイティ、評判リスクなど、バイヤーのステークホルダーに与えるインパクトを示唆します。

課題が明確になっても解決策の結論を急がないことが大切で、一方的に解決策を提案するのではなく、顧客と一緒に解決策を考える良き相談相手となることを目指します。

質問例

- もし新製品「エコクリーンプラス」のように洗浄力が2倍になり洗濯時間が短縮できる洗剤があれば、お客様の満足度にどのような影響があると思われますか？
- 環境に優しい洗剤を導入することで、御社の企業イメージにどのような効果があると考えられますか？

バイヤーのステークホルダー

ステークホルダー	誰	ステークホルダーの課題	バイヤー（小売）への期待	サプライヤーの対応
お客様	ショッパー ユーザー	品質不良、品切れ、体験価値に見合わない価格、不便、不衛生な店舗	安定供給、品質（安全・安心）、仕入れコスト削減、タイムパフォーマンス、コストパフォーマンス、クレンリネス	・安定供給 ・品質（安全・安心） ・仕入れコスト削減
現場	店舗従業員 現場GM 店長 営業部	人手不足、離職率、トレーニング不足、オペレーションの負荷、人件費高騰、過剰在庫、カスタマーハラスメント	ラウンダー巡回（サプライヤーへ依頼）、オペレーション負荷軽減、簡単に理解できる商品情報、カスタマーサポート	・ラウンダー巡回 ・オペレーション負荷軽減 ・簡単に理解できる商品情報
サプライヤー	メーカー 卸店 農家	品質不良、サプライチェーンの分断、品切れ（需要予測・生産能力起因）、資材原価高騰、サステナビリティへの対応	安定的な取引量、公正な取引（値上げ受け入れ等）、長期リードタイムの発注・配送の最適化、サステナブルな調達・販売	・安定供給 ・安定品質 ・協働によるコスト削減
フランチャイジー	FCオーナー オーナー会	経営コスト（人件費・資材・光熱費）高騰、人手不足、投資体力、後継者問題	ブランド力、成長戦略、仕入れコスト削減	・仕入れコスト削減
地域社会	地域住民 地方自治体 教育機関 NPO	地域経済活性化、人口減、コミュニティ貢献、サステナビリティ	地域経済への貢献、雇用創出、サステナブルな調達	・サステナブルな原料の調達 ・地域活動への共同参画

●コンパクトなパッケージと柔軟効果のある洗剤の導入により、店舗のオペレーションにどのような変化が起きると予想されますか？

4. Need-payoff／解決質問：解決策がもたらす利益や価値を顧客に考えてもらう質問で、バイヤー自身に解決策の意義と価値を認識させ、購買意欲を高めてもらう

最後は、最終的にこの解決策にどんな価値があるかを問います。数値化できる利益に焦点を当てたり、バイヤーのステークホルダーに対する価値を言及し、具体的なメリットをバイヤーに想像してもらうような質問をします。

顧客が現在抱えている課題を実際に解決できたらどうなるか、についてイメージしてもらうための質問を投げかけます。

実際に課題を解決する方策として、自社のサービスが有効であると感じてもらうよう努めます。一方で、顧客自身が解決することの価値に気づいてもらうのを待つことも重要です。

質問例

●新製品「エコクリーンプラス」の高洗浄力と環境配慮を両立した新製品を導入することで、御社のお客様にどのようなメリットが得られると思われますか？

● コンパクトな容器で同等の洗浄回数を実現できれば、現場のオペレーションに関し、在庫管理や陳列スペース、バックヤードからの品出し作業の面でどのような利点がありそうですか？

● この新製品の高付加価値商品としてのプレミアム価格の位置づけと、リピート購入意欲の高さにより、御社の洗剤カテゴリーの売上が約7～8％、粗利益が約10％増加すると試算していますが、どう思われますか？

こうした質問例は、「SPIN話法」の各ステップに沿って、バイヤーの現状把握から問題点の特定、その影響の認識、そして解決策の価値の理解へと導くように設計されています。

しかし、事前に用意した質問をすべて問うのではなく、「説得的販売話法」の流れの中で、必要に応じて自然に織り交ぜ、状況に応じて適切に質問することが有効です。

そうすることで、提案の価値をバイヤーに効果的に伝え、バイヤーとの信頼関係を築きながら、より効果的なコミュニケーションを展開し、商談成功につなげることができます。

特に、「2．問題質問」と「3．示唆質問」は、バイヤーの痛いところをグサグサと探るような内容にもなり、人間関係がない状況だと、好印象を持たれる質問にはならない場合があります。

どれだけバイヤーを知っているか、顧客企業を知っているかによって当然、質問の量や内容は変わってきます。一方で、のちに解説する「ショッパーリサーチ」など、営業以外の専門メンバーに思い切ったことは聞いてもらうというのも、一つの方法です。

「説得的販売」と「SPIN話法」を組み合わせた「コンセプチュアル・セリング」は、この著書で紹介するノウハウの中で、最も基本的な営業スキルです。

特に「説得的販売」のステップ4「利点の強調」の「私は今回、こんなメリットがあると思うのですが、バイヤーはどう思いますか?」という解決質問はぜひ使ってみてほしいと思います。

このスキルは個人の商談力に大きなインパクトを与えるものであり、組織的なトレーニングや個人の自己研鑽として、重要な商談前の事前資料準備とロールプレイで繰り返し活用することをお勧めします。

P&Gでも、バイヤー役、営業役を決め、それぞれに伝えない情報なども用意するなど、さまざまなシチュエーションを作り、ロールプレイを実践していました。ベテランの優秀な営業だけが持っているノウハウを開放するという意味でも、ロールプレイには大きな効能があります。

第3章

交渉する前に考えよ！「つながる、伝わる、営業スキル」

知っておこう！
バイヤーの心はこう動く

バイヤーの心理、態度・行動変容の6つのヒント

営業がバイヤーと交渉をする際、バイヤーからさまざまな「要求」が寄せられることがあります。その背景にある「ビジネス環境からくる潜在的なニーズや課題」を理解することは、バイヤーとの理性的な対話を可能にし、成約率を向上することにつながります。

一方、感情面での理解も重要です。バイヤーの深層心理にはメカニズムがあり、その理解は、単発の商談のみならず、長期的にバイヤーとの関係を密にし、商談の成功率を高めていくことにつながると考えています。

バイヤーの心理、バイヤーの態度・行動変容のヒントについては、社会心理学や行動経済学の理論が参考になります。いくつかの事例をご紹介しましょう。

社会心理学は、個人の心理と社会的な状況との間の相互作用を研究する心理学です。行動経済学は、人々が心理的、社会的、感情的な要因により、どのように非合理的な決断を下す

のか、またその決断が市場や経済にどのように影響するのかを考察するものです。

双方、共にあくまでも理論上の考え方ですが、前提が2つあります。一つは、実証のための前提条件がすべての人の事象に当てはまるとは限らないこと。また、もう一つは、商売における意義は私の約40年にわたる営業関連の経験バイアスのかかった個人的な解釈だということです。その理解の上で、6つの理論をご紹介します。

●ザイオンスの法則　接触頻度が高いほど商談はうまくいく

1968年、米国の心理学者ロバート・ザイオンスによって提唱されたもので、「単純接触効果（the mere exposure effect）」とも呼ばれます。個人は、何か（例えば商品やブランド、人）に繰り返し接触すればするほど、その何かに対して好意的な感情を抱く傾向がある、という心理学の原理です。

商売におけるザイオンスの法則の意義と目的は、営業がバイヤーと繰り返し接触する（連絡を絶やさない）ことにより、バイヤーはその会社、営業パーソンや製品に対して親しみや信頼感を持ちやすくなり、長期的なビジネス関係の構築へとつながることです。

やはり**人間は、会う頻度が多ければ多いほど、愛着が勝手に湧いてくる**ものなのです。接触頻度は、ばかにできないということです。

ですから営業はコンタクトを絶やさないこと。面談だけではなく、電話でもメールでも飲み会でもサプライズでも、とにかく接触する。接触するうちに親和性が生まれてきます。

例えば、商談の最後には次回のフォローアップとアポイントを取得する。定期的にショッパー理解のデータ、ニュースレター、商談資料、カスタマイズされた企画（プロモーション、店頭イベント、留型）を活用して、一定のリズムを保ってバイヤーと接触する機会を創出することが大切です。

私はP&Gに勤務していた2000年代はじめ、主要カテゴリーの品揃え、価格、プロモーションなどのマーチャンダイジング戦略戦術を策定する「カテゴリーマネジメント」と、のちに解説する複数の協働取り組みを統合する「JBP（協働ビジネスプラン）」という新しい取り組みを複数の大手チェーンに提案、テストを開始したことがあります。

それまでのプロモーションや新製品を発売するたびごとの単発の商談とは違い、協働のビジネスプランで定例会議を持ち、進捗をレビューしたり、改善策を練ったりするプロセスを重ねていきました。

すると、いつしかバイヤーおよび得意先の関連部署が、この協働プロセスに積極的に関与してくれるようになり、その過程で接触頻度も増え、お互いのトップマネジメントも巻き込んだ会社対会社の「ダイヤモンド型」と呼ばれる関係に深化していったのでした。

●返報性理論　信用貯金を高めよ

「返報性理論」とは人は他者から受けた恩恵に対して、何らかの形で恩返しをしようとする心理的傾向を指す、社会心理学における理論です。

返報性理論の商売における意義は、単に商取引を行うだけでなく、顧客との長期的な関係性を築くことにあります。

受けた恩恵やサービスに対して、バイヤーやキーパーソンに、何らかの形で返したいと感じていただく。そうすることで、ロイヤリティや信頼感を高め、リピート購入や紹介、良好なビジネス関係構築につながる可能性がある、ということです。社内の協力獲得にも効果的です。

ただ、注意点としては、近江商人の「利他の精神」や、禅の「無功徳の精神」のように、**顧客のために尽くす態度こそが大切**で、自己顕示や見返りを期待してはいけないということです。誰かのために良かれと思って行ったことが、気づかないうちにいいことにつながる。そうした意識が重要。「Give & Take」ではなく、「Give & Given」の心構えが大切ではないかと思います。

営業幹部や「営業企画」部門にできることは、例えばサンプリング、ラウンダー、商品同梱什器など、営業が小売業に「Give」できる機会とツールを提供することです。現場を支援する仕組み作りが大切になります。

営業時代、私が心がけていたのは、得意先のバイヤーやキーパーソンに、個人として、また自分が会社の代表（営業）として、**「信用貯金残高」**を高めることができているか、でした。

その大切さを初めて学ぶことになったのは、新人営業マン時代に受けたトレーニングで観た映画『てんびんの詩』でした。

近江商人の家に生まれた少年・近藤大作が、小学校卒業後、父から鍋蓋を売るように命じられ、行商を通じて商いの心を学び、成長する物語です。

最初は当たり前に買ってもらえると思っていましたが、簡単には買ってもらえない。やがて、少しでも何かの役に立とうと得意先の洗い物を手伝ったりしているうちに人間関係ができ、売れるようになっていきます。

相手の立場を考え、相手に寄り添い、困っていることに応える。そんな誠実に商売することの大切さを理解し、やがて成功を収めていきます。

得意先にいかに無償の奉仕ができるか。これぞ営業の基本だ、と当時の先輩たちにも言われました。

実際のビジネスで、この返報性の心理が最も強く表れたと実感したのが、のちに詳しく解説する得意先のお客様に対する「ショッパーリサーチ」と「ＰＯＳ分析」の提供でした。本来であれば、これはバイヤーの仕事です。しかし、バイヤーにできることには限りがある。

そこで、肩代わりして、情報提供したのです。

得意先の課題解決に貢献する姿勢に対して、バイヤーからは「協働と売上」という見返りをもらうことができたのだと思っています。

●権威の影響力　専門家の意見を大切にする

人物が持つ権威、専門知識、地位などの力によって、人の態度や行動に影響が及ぶという理論です。スティーブ・マーティン、ノア・ゴールドスタイン、ロバート・チャルディーニが提唱しました。

これもまた、商売における意義として有効に活用することができます。例えば、バイヤーは特に新しい商品の導入やプロジェクトを行う際、当然、リスクを抑えたいという気持ちが出てきます。

そこで、**専門的知見を持つ人物や情報源から、情報やアドバイスを得る**のです。そうすることで、バイヤーはより安心して導入の決定を下すことができます。営業は、取引の成立に至る可能性を高めることができるのです。

また、市場・消費者リサーチ担当者、財務担当者などが、営業の要請に応じて商談に同行し、専門的知識を活かしてバイヤーに影響力を与えることも有効な方法です。

さらに、サプライヤーたるメーカーの経営陣が定期的に小売業の経営とトップ面談を行うことで、協働関係を構築することも有効です。バイヤーの社内稟議が通りやすい環境作りを支援することにもつながるのです。

　P&Gでカスタマーチームリーダーを務めた2000年初頭から、チームが担当している多くの得意先の社長、会長に定期的に会談ができる関係を作るようになりました。その頃から、次第に得意先の商品部のバイヤーやバイヤーの上司との協力関係が深化し始めました。

　それは偶然の結果ではなく、この権威の影響力が少なからず機能していたからだと実感しています。

●エンドウメント効果　「所有」の意識を高めよ

　人は所有するものに対して、過剰に価値を感じる傾向を示すという心理的現象で、行動経済学においてよく使われます。1980年代に経済学者のリチャード・セイラーと心理学者のダニエル・カーネマンによって提唱された理論です。

　エンドウメント効果は、人々が損失を回避しようとする傾向（損失回避）と関連しています。すでに所有している物品を手放す際、それを得るために支払うよりも多くの価値を要求する傾向がある。所有するものを手放すことは好ましくないと考える傾向があるということを指摘しています。

　つまり、人は所有している物やサービスに対して、実際の市場価値以上の価値を感じることが多いというものです。これは、モノに限らず、コトにおいても同じです。

したがって、営業としては、バイヤーに「所有」を感じてもらえるような取り組みが有効となります。

例えば、共同の売り場開発プロジェクトを立ち上げたり、プロモーション品開発のカスタマイズを提案する。バイヤーと協働企画を行ったり、**何かを意思決定する際のプロセスに参画してもらったりする**ことで、商品やプロジェクトに対する「所有」意識が高まるのです。こうなると、成功に向け、より積極的な貢献をしてもらえるという利点があります。

１９９０年代の後半に米国勤務した際、職場の同僚からＰ＆Ｇの営業チームで最大の売上を誇るウォルマートチームの活動内容とその歴史的背景の話を伺う機会がありました。

１９９０年代初頭まで、最強のディスカウンターでありハード・ネゴシエーターであるウォルマートと、最大手の消費財メーカーのＰ＆Ｇは、やや敵対関係にありました。しかし、お互いの強みと専門性を活かし、戦略的なパートナーシップを結び、サプライチェーンで協働プロジェクトを開始することになります。

接触頻度も高まり、共同のオーナーシップを持ったプロジェクトにより、お互いの「所有」意識を高めた効果が発揮されました。その後、両者は需要創造も含めた協働関係を育み、30年以上も続くWin-Winの関係構築につながっていったのでした。

●希少性バイアス　「お宅だけ」をいかに提供できるか

人々は、入手困難なものや数が限られているものに高い価値を感じるという心理的傾向が「希少性バイアス」です。この概念は、1975年に心理学者のスティーブン・ウォーチェルらによって提唱されました。

営業や営業企画における希少性バイアスの意義は、**「お宅だけですよ」というものをいかに提供できるか**です。

例えば、希少価値の高い商品やプロモーションを開発する。季節限定品で数量限定のものを多めに持っていく。そうすることで、バイヤーの購入意欲を刺激します。

また、希少性のある専門部署のリソースを、協働プロジェクトに提供することも有効です。これがバイヤーの協働意欲を刺激し、現場の商談成立を高める支援をすることにもつながります。

「この新商品は、御社の要望に合わせてカスタマイズできます」など、留型商品を提案することも有効です。

得意先のお客様が感じている買い物体験上の課題をショッパーデータでフィードバックし、独自の売り場改善プランを提案することも、希少価値を高めます。得意先のお客様だけを調査すれば、特別感が出るのです。

注意点としては、特定の小売業を優先するプライベートブランドや留型などのカスタマイズプランを多用し過ぎると、他の得意先との協働関係を損なうリスクがあることです。また、自社ブランドとの差別性が薄まるリスクもあります。

カスタマイズ製品の運用に関しては、公平性と透明性の基準を明確にする必要があります。

●認知的不協和　相手が感じるリスクをいかに軽減するか

人は誰でもジレンマを抱えています。**個人の中に矛盾する信念や行動が存在する**状態を指します。「認知的不協和」はこの不快な状況から一貫性を取り戻すため、態度や信念を変えようとする傾向のことです。心理学者レオン・フェスティンガーによって1957年に提唱された理論です。

例えば、バイヤーは「高品質な商品を仕入れたい」という信念と「コストを抑えたい」という目標の間で葛藤することがあります。「新しい商品ラインを導入して品揃えを刷新したい」という願望と「失敗のリスクを避けたい」という慎重さの間で不協和が生じることもあります。「高く売りたい」という気持ちと「高くしたら売れなくなるのではないか」という不安もある。

そこで、バイヤーが既存の商品、売り方、取引先などに満足していないとき、「リスクを取りたくない」という点に関連づけて、分析データを提出したり、テスト結果に基づいて新しい商品や売り方への興味や関心を刺激することが有効になります。

「このカテゴリーなら、このくらいの価格までは許容できるというデータがありますよ」
「では、どこどこの店で2週間テストしてみてはどうでしょう」

こうした提案は、新しい取り組みにチャレンジするきっかけを提供することにつながります。

注意事項としては、バイヤーの固定観念や信念に反し、強く挑戦し過ぎると、反感を買う恐れがある点です。また、活用する分析データやインサイトは客観的で、正確で、信頼性が高いものに限ることが重要です。

若手だった時代に「ウィスパー」が特売スペースで定価販売を行ったストーリーをすでに紹介していますが、一般的に特売はお得感を演出して売上を向上すべく、定番価格からある程度の割引をするものです。定番で行う月間特売と、定番以外の平台や通路エンドスペースで大量陳列をします。

しかし、生理用品の「ウィスパー」を発売した当時は、革新的な製品特徴そのものに消費者メリットがあると考えました。この大量陳列を特価ではなく、定番と同じ価格で販売してもお客様はご満足される、得意先の利益貢献もできるというストーリーで、全国の営業はバイヤーと売り場責任者に提案をしました。

それまでに日用雑貨業界の歴史で、定価でのチラシ掲載や大量陳列は過去に例がなく、バイヤーも売り場責任者も当初は売上が取れないリスクを感じていました。しかし、製品優位性を訴求する実演をし、バイヤーを説得してテスト的に少ない数の店舗で実施してみると、予想通りの好調な売れ行きになったのでした。

また、卸店と小売企業の利益率と利益額も通常の特売商品とは比べ物にならないくらい高かったため、一気に多くの店舗に定価の山積み特売が拡大、流通パートナーのP＆Gに対する好感度を高めることに貢献しました。

正直、私も最初に定価の特売プランを聞かされたときには、本当に定価のチラシと山積みで売れるのか懐疑的でした。ところが革新的な商品イノベーション、卓越した広告宣伝、デモを含めた営業の説得的なプレゼンテーションが相乗効果を発揮し、それまでの流通慣行の常識を覆した成功事例となったのでした。

ちゃんとある？ その商談の「落としどころ」

交渉が成立しない場合の最善の策「BATNA」を考える

営業の交渉術については、さまざまなテクニックが語られている書籍が少なくありません。
もちろん、テクニックにも価値はあると思いますが、それ以上に大事なことは、本質をしっかりとつかんでおく、ということだと思っています。営業の仕事とは、相手があってこそ、成り立つものだからです。

まず大事なことは、商談の落としどころを定めておくことです。新人営業マンの頃、いつも自問自答していました。

「今日の商談は何点だったろう？」
「何が当初の狙い通りうまくいって、何がだめだったのだろう？」

そんな折、得意先との商談後にたまたま立ち寄った大阪・梅田の紀伊國屋書店で『新ハーバード流交渉術』（ロジャー・フィッシャー）という本に巡り合いました。読んでみると、まさに目から鱗が落ちたような感覚になり、その本から得た教訓を即、実践に移すことにしました。

書かれていたのが、商談の落としどころ「ＢＡＴＮＡ（バトナ）」でした。「Best Alternative to a Negotiated Agreement」の略で、「交渉が成立しない場合の最善の策」という意味です。わかりやすく言えば、交渉が決裂した場合に備えて、最も有利な代替案を持っておく、ということです。

万が一、もともと目標としているモノが売れなかったり、数字通りにいかなかったりしても、２段目の目標が達成できればいい。それでＯＫだ、というのです。

考えてみれば、商談が成功したか、成功しなかったかは、もともとゴールがあって判断できるものです。となれば、ゴールをどう設定するか、が重要になる。通常は、売れたか売れなかったか、目標としていた数字を得られたか得られなかったか、をゴールにしますが、そこにちょっと階段をつけるのです。

例えば、１００のボリュームは売れなかったけれど、最低限80のボリュームを売っておけば、商談は成立すると決めておく。相手のバイヤーには言いませんが、最初から二段構えの目標を持って商談をするのです。

なぜ２つのゴールを持つことが有効なのか。誰でもそうですが、ゴールが１つだと、「この商談はどうやら思うようにいかないぞ」と感じたら顔に出てしまうのです。そして、「いやいや、そこをなんとか」「そうじゃないんです」などとバイヤーを無理やり説得しようとしてしまう。しかし、こんなふうになればなるほど、商談はこじれていきます。むしろ、ゴールから遠のいていきかねない。

2つ目のゴールがあれば、バイヤーから何かを提示されても「ああ、そういうことなんですね」とどんと構えて、2つ目のゴールを取るための交渉をすればいい。2つのゴールを持つことで、交渉の引き出しの幅が出てくるのです。

そして、2つ目のゴールを死守するために、事前にいろんな策を考えることになります。バイヤーがこんな要求をしてきたら、こんな価値を提供しよう、といった作戦を考えるようになる。これが、商談の成功確率を間違いなく高めるのです。

実際、「BATNA」を知ってから、私は商談が得意だと思えるようになりました。何より、精神的に安心する。会社に戻っても、「成果はゼロでした」ではなく、「目標通りにはいきませんでしたが、8割は取れました」などと言えました。

それこそだんだん、商談がゲームのようになっていきました。「今日も勝つぞ」「今日はどのくらい勝てるかな」「どうやって今日は攻めようか」など、ゲーム感覚で、まるでシミュレーションゲームをするかのように、楽しめるようになったのです。

部下を持ってからは、部下にも「BATNA」を推奨しました。

フレキシブルな準備ができ、商談中の柔軟な対応が可能に

数字に限らず、相手との合意に至らなかった場合に備えて、別の戦略を考えておくのが、「BATNA」です。これにより、交渉の際に、より強い立場で臨むことができます。

その設定には、まず交渉が決裂した場合に取れる、すべての代替案をリストアップするところから始まります。売上、コスト、利益、時間など、それぞれの代替案の価値を評価し、最も価値が高いものを選びます。

そして「BATNA」をもとに、交渉で受け入れられる最低条件を設定し、交渉が不利な方向に進んだ場合でも、「BATNA」をもとにして、会社の利益を守っていきます。

商談は、もちろんいつも成功を目指すわけですが、成功するときも失敗するときもあります。だからこそ、成功と失敗はどんな基準に照らし合わせて判断するのか、決めておく必要があるのです。

また、どの部分がどの程度うまくいって、それは何が原因だったのかを理解しておくことが求められます。

設定したゴールが達成できない場合の代替案を事前に考えておくことで、フレキシブルな準備ができ、商談中の柔軟な対応が可能になります。そして営業担当者の準備も充実し、自信を持って商談に臨むことができるのです。

以下、「BATNA」を考えるステップの例を掲げてみましょう。

顧客情報の収集と分析：

まず、顧客企業の情報を徹底的に収集し分析します。これには業界動向、企業の課題、ニーズなどが含まれます。

バイヤーの置かれているビジネス環境からくる潜在的課題を理解し、その解決に向けた真摯な姿勢を示します。そうすることで、信頼関係が強化され、バイヤーは営業パーソンの提案を受け入れやすくなり、長期的なビジネス関係の構築が可能となります。

一旦構築された信頼関係は、繰り返されるバイヤーとのコミュニケーションを円滑にし、商談の進行をスムーズにし、提案が選択肢として優先される確率が高まります。

明確な方向性の設定：

目指すべき商談のゴールを明確にすることで、商談の焦点がぶれることなく、目的達成に向けた効果的な商談準備と本番のコミュニケーションが可能になります。

ゴールの種類としては「野心的なゴール」「標準ゴール」「最低限達成しておきたい落としどころ」の3種類があります。

柔軟性の確保：
落としどころ（BATNA）を設定することで、交渉が思わぬ方向に進んだ場合でも慌てることなく、柔軟に対応できます。最低限の落としどころを知っていることで、不必要な対立や行き過ぎた譲歩を避け、適切な判断を下すことができます。
仮に、交渉が不利な方向に進んだ場合でも、バイヤーとの関係を維持しつつ妥協することで、関係悪化のリスクを最小限に抑えることができます。

成果の評価基準の設定：
事前に設定したゴールや落としどころ（BATNA）は、商談後の成果を評価する際の基準となります。これにより、商談の振り返りがより具体的かつ客観的になり、次回の改善につながります。
また、ゴールと「BATNA」を営業チーム内で情報共有することで、チームとしての一貫した対応と改善が促進されます。

何かを求められたとき、その何か以外で返答をする、という考え方もできます。例えば、「とにかく安く欲しい」と言われたとする。しかし、一歩引くことができる心の余裕があれば、「なぜ、その要求が行われたのか」に目が向かいます。

実際、要求には必ず理由があるものです。すると、お客様の事業部が営業利益達成のためにプレッシャーをかけられていることがわかったりする。となれば、コストを削減することでも営業利益に貢献することができます。

例えば「安くはできないけれど、商品の調達方法を変更してみてはどうでしょうか」という提案ができるかもしれません。工場から配送センターにトラック満載で運べば物流効率が上がります。物流でのコスト削減も、営業利益につながるのです。

相手のニーズの裏側にまで意識をめぐらせ、常に代替案もイメージしながら商談していく。これができれば、商談はもっともっと楽しいものになります。

探りましょう! バイヤーの課題と狙い

営業相手の仕事内容と課題を理解しているか

相手あっての営業であり、商談。その点では、相手がどんな仕事をし、どんなことを考え、どんな課題を感じているか、理解をしておくことはとても大切であることは言うまでもありません。

私がP&Gで長くお付き合いをした営業相手は卸店や小売企業のバイヤーでした。そもそもバイヤーは、どのような仕事をしているのか。大きく4つに分けられます。

まずは、**市場の情報収集と分析**です。マーケットにどんな動きがあるか。消費者ニーズはどこにあるか。ビジネスインサイト、コンシューマーインサイトなどを分析する。

2つ目が、**商品の仕入れ**です。どんな商品が今の消費者ニーズに合っているか。自社に対して、その商品は価値を持つか。そんな視点で商品を選びます。

3つ目が、**交渉**です。最も大きいのは値段交渉ですが、サプライチェーンが分断している今は、しっかりとした調達、安定供給ができるかも重要な関心事です。

4つ目が、**販売施策管理**です。現場に行ったとき、計画した施策通りにモノがしっかり棚に並んでいるか。特売商品が山積みされているか。

今、こうした仕事を担うバイヤーはさまざまな課題を抱えています。背景にあるのは、バイヤーを取り巻く環境の変化です。中でも、消費者ニーズの変化。とりわけコロナ後に起きている最大の変化は、「非計画購買」が減ってきていることです。買うつもりはなかったけれど、お店にいるうちに買ってしまった、という購買が減っています。

もとより買い物時間が減ったのです。店舗に到着する前に、さまざまな情報をスマホなどによってしっかり勉強してきている。

また、今まで分断するはずがなかったサプライチェーンの分断が増えています。気候変動によって穀物が収穫できない、物流が停滞して船が港に到着する時間が大幅に遅れる。こうした事態が頻発しています。

さらに、デジタル化の進展です。業務プロセスもデジタル化が進み、お客様の情報収集もデジタルで行われるようになってきている。支払いも電子マネーなどデジタルに。今やすっかりバイヤーもデジタルに囲まれているのですが、ITが苦手な人は少なくない。

加えて、圧倒的な人手不足。とりわけ現場はそうです。外食、物流関係もそうですが、小売業も常に人が足りない。

そして、社会環境問題。消費者、とりわけZ世代など若い世代の環境意識は大きく進んでいます。子供たちへのサステナビリティ教育は浸透し、ご両親もかなり勉強をしています。環境、気候変動に加え、人にやさしい売り場、カスタマーハラスメントがない売場などにも配慮しなければなりません。

さまざまな原材料が高騰しており、売り場では相当なコストプレッシャーがかかってきているのです。

こうした課題をしっかり認識できているかどうか、で商談におけるコミュニケーションはまったく違うものになります。

バイヤーが気づいていない課題もあぶり出す

営業がバイヤーと商談を行う前に、バイヤーやバイヤーが所属する顧客企業の課題やニーズを理解しておくことは、商談の成功を高めるために極めて重要です。

だからこそ、顧客が期待する適切な提案ができ、それは信頼関係の構築にもつながっていきます。また、競合との差別化につながります。

商談では、バイヤーからさまざまな「要求」が出てきます。しかし、先にも少し書いたようにバイヤーが言語化する「要求」と、要求の背景にあるビジネス環境からくる「潜在的なニーズと課題」には因果関係があるものです。

それを商談前に理解しておくことで、商談に備えることができるのです。バイヤーの「要求」が必ずしも達成できなくても、その背景にある「ニーズと課題」に対応する解決策が提案できれば、商談は成立しやすくなります。だからこそ、事前に得意先のビジネス環境からくる「潜在的なニーズや課題」を理解しておくことが大切なのです。

また、バイヤーの「要求」に対する対応策のシナリオを準備したり、マトを外れた商談を防ぐこともできる。商談がスベることなく、スムーズに進行できるようになり、営業のパフォーマンスの向上につながります。

私はP&G時代、30代半ばで総合スーパー、ドラッグストア、グローバルチェーンの大手十数社を担当する「カスタマーチーム」を任されることになりました。バイヤーを担当する営業チームです。

ここで、それまで表面的にしか見えていなかったバイヤーのニーズと、課題の裏にある要因を理解することになりました。結果として、顧客企業と改善のための打ち手を合意することができ、長期的な協働関係を構築できました。これが、売上の成長を持続させることにつながったと考えています。

このとき、バイヤーの課題と要因の理解を推し進めるのに最も貢献したのが、「ショッパーリサーチ」と「店舗販売情報（POS）」分析でした。これが、顧客企業のユーザー、ショッパーを理解するノウハウだと強く実感しました。

「ショッパーリサーチ」についてはのちに詳しく解説しますが、顧客企業である総合スーパー、ドラッグストア、グローバルチェーンの店頭で、実際のショッパーがどのように買い物を推し進めているかをリサーチしたものでした。

バイヤーは、この「ショッパーリサーチ」によって、これまで気づいていなかった消費者の買い物体験に関する新たな課題と、売上の機会を発見することが少なくありませんでした。

その課題に対して双方で理解し、解決策を協働して作成するという、消費財メーカーとしては理想的な機会の創出ができたのでした。

例えば、重要カテゴリーの品揃え、売れ筋ブランドの品薄・品切れ、売り場と商品の見つけやすさ、レジ前の待ち時間、トイレの清潔さ、お買い得感（バリュー感）などに関して、消費者が考える重要度と、顧客企業のサービスに対する消費者の満足度にギャップが大きかったものは、バイヤーに気づきを与えることができたのです。

バイヤーは、競合する小売チェーンと比較して、世帯浸透度、購買頻度、購買単価、買い上げ点数、年間購買額などで、どこに強み、弱み、成長のチャンスがあるか、認識することができました。

そして、バイヤーと協働している特定カテゴリーの消費者は誰（属性、態度、行動）で、消費者の買い物体験の重視点は何で、消費者は顧客企業の買い物体験の何に満足しているか、などを分析しました。

その結論と示唆をバイヤーに説明し、解決のための打ち手を一緒に議論することができました。「P&Gの営業チームは、バイヤーと顧客企業のお客様の課題と要因を親身になって調べてくれた」「改善のための示唆と協働プランを提案してくれた」「協働を実施してくれた」と業態を問わず、ほとんどすべてのバイヤー、さらには顧客企業の幹部から感謝をいただけたのでした。

顧客企業の社内での承認を後押しするために

何か新しい取り組みを推し進めようとするとき、バイヤーは当然ですが、社内で承認を得なければなりません。営業として提案を行うときには、バイヤーの立場も理解しておく必要があります。

当然ですが、バイヤーの権限は限られています。権限は上長が持っていることもあれば、上長の上長からの承認を得なければならないケースもある。さらに売り場を改革するには、費用だけでなく、店舗運営部などの関連部署の承認も必要になります。これが、実はバイヤーにとっての悩みの一つでもあります。

左頁に図を掲げましたが、これは購買において誰に承認を取るのに苦労したのか、というデータです。やはりバイヤーが承認を取りづらいと感じているのは、取締役以上の承認です。となれば、少しでもバイヤーの助けになれるように、バイヤーを支援するキーパーソンとの関係を営業がしっかり作っておくことは、とても有効です。それが、側面的にバイヤーを支援することにもつながるのです。

私はP&G時代、セブン&アイグループを担当するチームを営業部長として率いていたことがあります。「カテゴリーマネジメント」という新しい売り場管理手法を提案したのですが、このときキーパーソンになったのが、情報システム本部長や影響力のある外部コンサル

郵便はがき

料金受取人払郵便

渋谷局承認

2196

差出有効期間
2026年12月
31日まで
※切手を貼らずに
お出しください

150-8790

130

〈受取人〉
東京都渋谷区
神宮前 6-12-17
株式会社ダイヤモンド社
「愛読者クラブ」行

本書をご購入くださり、誠にありがとうございます。
今後の企画の参考とさせていただきますので、表裏面の項目について選択・ご記入いただければ幸いです。

ご感想等はウェブでも受付中です（抽選で書籍プレゼントあり）▶

年齢	（　　）歳	性別	男性 ／ 女性 ／ その他
お住まいの地域	（　　）都道府県　（　　）市区町村		
職業	会社員　経営者　公務員　教員・研究者　学生　主婦 自営業　無職　その他（　　）		
業種	製造　インフラ関連　金融・保険　不動産・ゼネコン　商社・卸売 小売・外食・サービス　運輸　情報通信　マスコミ　教育 医療・福祉　公務　その他（　　）		

DIAMOND 愛読者クラブ　メルマガ無料登録はこちら▶

書籍をもっと楽しむための情報をいち早くお届けします。ぜひご登録ください！

- 「読みたい本」と出合える厳選記事のご紹介
- 「学びを体験するイベント」のご案内・割引情報
- 会員限定「特典・プレゼント」のお知らせ

①本書をお買い上げいただいた理由は？
（新聞や雑誌で知って・タイトルにひかれて・著者や内容に興味がある　など）

②本書についての感想、ご意見などをお聞かせください
（よかったところ、悪かったところ・タイトル・著者・カバーデザイン・価格　など）

③本書のなかで一番よかったところ、心に残ったひと言など

④最近読んで、よかった本・雑誌・記事・HPなどを教えてください

⑤「こんな本があったら絶対に買う」というものがありましたら（解決したい悩みや、解消したい問題など）

⑥あなたのご意見・ご感想を、広告などの書籍のPRに使用してもよろしいですか？

1　可　　　　2　不可

※ご協力ありがとうございました。

【営業戦略大全】121535●3550

社内承認に苦労した割合
（承認者役職別）

購買において苦労したことは何でしたか？

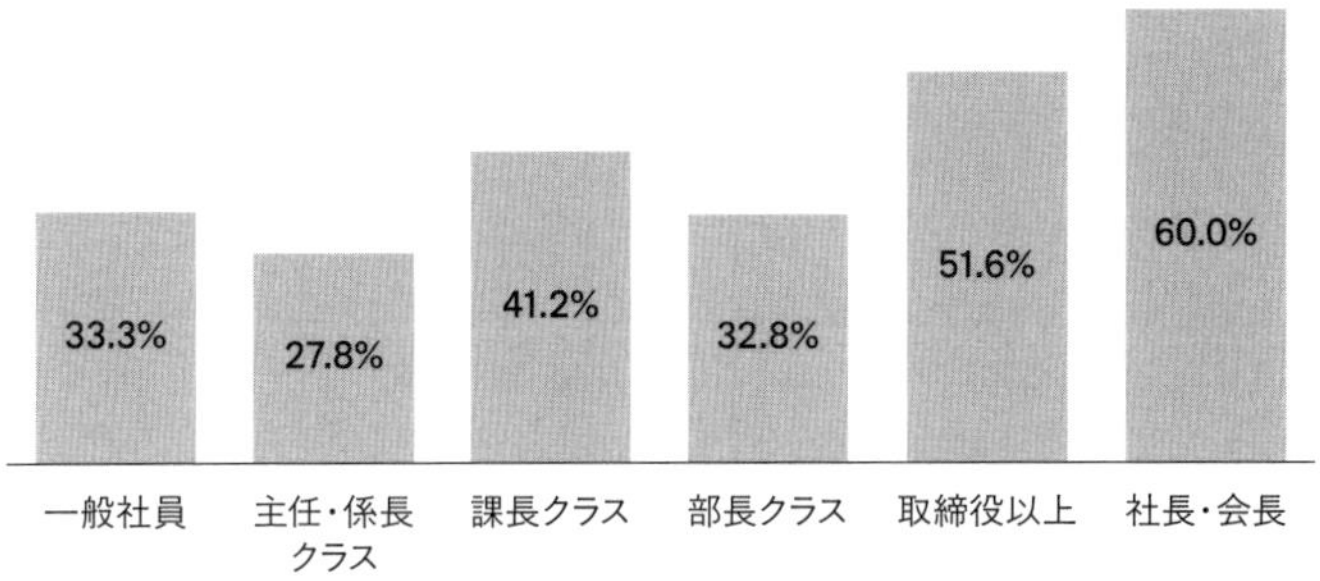

契約の最終意思決定をした方の役職

出典：Mazrica Sales購買活動の実態調査

タントでした。

業務改革の意欲を持っておられた彼らにアプローチし、勉強会を重ねて「カテゴリーマネジメントをやらないとこれからは勝てない」という思いを同じくしてもらうことができました。

その賛同と支援を得て、バイヤーの所属する商品本部の合意を取り付けることができ、複数のカテゴリーで「カテゴリーマネジメント」の協働プロジェクトをキックオフすることができたのでした。

生きたのは、情報システム本部長とのつながり、流通経済研究所という外の団体との関わりでした。このつながりがあったからこそ、直接、業務では関わることのない方々ともつながりを得ることができたのでした。

私は営業ですから、情報システム担当者とつながったところで業務で直接、関わりがあるわけではありません。だから、付き合う必要などない、と考えていたら、この機会を得ることができませんでした。

また、研究所は、さまざまな改革をしたいという意思を持つ人たちが集まる場でした。そうした思いもまた、つながりを生んでくれたのです。

たしかに営業の窓口は商品部であり、バイヤーです。しかし、だからといって、商品部だけを見ているだけではいけない、ということです。また、会社組織は異動があります。バイヤーから異動したからと付き合いを止めてしまうのも、もったいない。

例えば、バイヤーからスーパーバイザーになったり、地域を統括するゼネラルマネージャーになったりすることもある。そうしたところでつながりを続けていれば、提案に対して、そうした現場から後押しをしてもらうことも起こり得ます。

バイヤーから異動したので、もう関係はない、ということではなく、どこでどうつながってくるかはわからないという前提のもと、しっかりと関係性を続けておくことが大切になるのです。そういうことができる営業が、結果的に大きな成果を手にしていました。

そして最も大きな影響力があるのは、やはり役員や経営陣ということになるでしょう。こういった方々を「ＶＩＴＯ（Very Important Top Officer）」と呼んで、Ｐ＆Ｇでは「ＶＩＴＯセリング」を営業の関係づくりの究極として取り組んでいました。

経営幹部へアプローチ「VITOセリング」

得意先との商談において、企業対企業の大きな協働プロジェクトなど、大型案件を提案する場合、「経営幹部」が意思決定者だけでなく、場合によってはアドバイザー、遂行者になることがあります。

大型案件のみならず、得意先の味方という点で、最大のパワフルな存在は、「経営幹部」であることは間違いないでしょう。

トップマネジメントといい関係を築くことで、企業の方針に直接影響を与えることができ、長期的な戦略的アライメントを取りやすくなります。また提案したプランの意思決定のスピードと実行の効率が向上します。

ウォールストリート・ジャーナルの記者だったベストセラー作家、トニー・パリネロは、この「経営幹部」のことを略して「VITO」と呼称し、著書に記載して大きな話題になりました。

その「VITO」に対するアプローチが「VITOセリング」です。大手顧客の「VITO」に直接面談し、彼らのニーズや課題に応える価値提案を行い、長期的なパートナーシップを育む活動を推奨しています。

P&Gでは、1990年代終盤から部長クラスの営業のチームリーダーがこの「VITO

セリング」の責任を担うようになりました。

自社と得意先の経営陣が参加するトップ会議や、研究施設・工場への視察ツアー、懇親会などをバイヤーやバイヤーの上司と連携して企画、両企業の関係構築のコーディネーションを行っていました。

自分の上司や経営陣のサポートがなくても、得意先の経営陣に会いに行き、得意先との協働ビジネスプランを推進することも営業部長クラスの重要なミッションでした。

私はコンサルタントとしてこの「ＶＩＴＯセリング」を、クライアント企業や知人が経営陣のメーカーの営業部門に説明し、推奨しています。しかし、一朝一夕には「ＶＩＴＯセリング」は成立しません。おおむね取引先の商品部のバイヤーや部長クラスからは、消極的な反応をされることになりました。「権威の影響力」を認識し、自分たちの上司に直接アプローチすることは必ずしも好ましくないという態度だと思います。

しかし、バイヤーは新しい売り方へ興味や関心を持ちつつも、一方でリスクを抑えたいという動機が常にあります。経営幹部からの承認や支援、専門的知見を持つ人物や情報源から情報やアドバイスを得ることは、彼らにより安心して決定を下すことにつながり、取引の成立に至る可能性を高めるのです。

また、メーカーと小売業のトップ同士の協働関係はバイヤーの好意的な態度・行動変容を促し、活動を推進する追い風となります。

実際には独自のルートを築いて、私は山登りをするように少しずつ「VITO」に近づいていくことが有効だと気づいていきました。といっても、バイヤーやバイヤーの上司をないがしろにすると後々、困ることになります。

彼らはサプライヤーたるメーカーに対する自分たちの影響力の低下や、自分たちの知らないことがトップ面談で話し合われることを懸念していたのです。

そこで、トップとの会談のアジェンダを事前に共有したり、トップとの会談で何を話し合ったのかを後で報告したり、あるいはトップ会談に同席してもらったりしたこともあります。時にはバイヤーの功績を得意先幹部の前で具体的に称え、感謝しました。彼らとの信頼関係が悪化しないよう、十分な配慮が必要です。

多くの総合商社では、営業課長・部長クラスが単独で得意先の社長に会いに行き、商談をまとめてくることがごく当たり前になっていると聞きます。メーカーの営業も、同じ気概を持ってこの重要な「VITOセリング」に挑むべきだと思っています。

実際、先駆者的なリーダーから、少しずつその意味と目的が理解されるようになりつつあるようです。

セブン＆アイ創業者の伊藤雅俊名誉会長とのご縁

「VITO」との会談で忘れられないのが、P＆Gの営業部長時代、セブン＆アイ・ホールディングスの創業者である伊藤雅俊名誉会長にお会いする機会をいただいたことです。このときのアプローチは、外部のネットワークが生きたのでした。

ある知人を通じ、マーケティング関連のＮＰＯ法人に出入りしておられたイトーヨーカ堂の役員とつながることができたのでした。

流通近代化の議論を交わすことで私のことを覚えてもらい、その方を通じて伊藤名誉会長にお会いすることになりました。

しかも、偶然にもたまたま米国出張中に出会ったオハイオ州にあるスーパーマーケットの社長が伊藤名誉会長の友人であったことなどからいろんなご縁がつながり、その後、定期的にお会いする幸運をいただくことになりました。

初めてセブン＆アイのグループ本社にある役員室フロアに降り立ったときのことは、今もよく覚えています。ふわふわな絨毯《じゅうたん》の上を緊張して歩き、役員室で名誉会長にお目にかかったとき、温かく包み込まれるような感動を覚えたことは一生忘れられません。

当時の商品部のバイヤー、チーフバイヤー、事業部長は、私が彼らを飛び越えて名誉会長に会おうとしていたことを快く思っていなかったと感じました。しかし、名誉会長とどのような話をしたかを適宜、報告し、彼らとの信頼関係を維持しました。

また、事業部長が名誉会長との面談に同席した際には、名誉会長の目の前で商品部の功績とご高配に感謝しました。

名誉会長のスポンサーシップで事業部長と会食をする機会などもあり、徐々に私が名誉会長に会うことに対する警戒心も薄らぎ、商品部との協働関係はさらに強化されていくことになりました。

そんなある日の夕刻、当時、新宿西口にあったP＆Gの東京本社オフィスに帰ると、営業スタッフから「宮下さんにセブン＆アイの伊藤名誉会長から荷物が届いています」と言われました。

包装紙を開けてみると、おいしそうな笹餅団子がたくさん包んでありました。私のチームのメンバーや他の営業スタッフにもおすそ分けし、営業成績を飛躍的に伸ばしてくれていたチームへのご褒美を提供することができました。

そのとき傍らにいた他の営業チームメンバーにも「自分たちもトップに会わなければ」という良い刺激を与えられたのではないかと思っています。

第4章

P&Gを大きく変えた「代理店」の絞り込み

絞りましょう！
かついでくれる代理店

顧客内シェアを増加させる効果「風車理論」

新しい時代の取引とは、どのようなものなのか。この章で詳しくご紹介していきたいと思います。まずは、代理店の絞り込みです。どこにでも商品を卸せば良いということではないのです。

P&Gでは、1980年代半ばに代理店と二次卸店の数を大幅に絞り込みました。P&Gとの協働にコミットしてくれる中核卸店と位置付けられた代理店に小売店の帳合《ちょうあい》を集中させ、P&Gの卸売顧客内シェアを著しく上昇させたのです。彼らのロイヤリティを向上させるという戦略を立案し、市場浸透力の強化を図ったのでした。

制度品化粧品ビジネスにおいては、卸店がいないため、小売店がお客様に対する代理店のような存在でした。そこで、同じように90年代の前半に小売店を大胆に絞り込みました。自分たちに代わり、ブランドをお客様にしっかりと売ってもらえる人たちにフォーカスしたということです。

80年代当時の消費財メーカーの商談は、卸売会社が小売店のバイヤーとの商談枠を持っていました。例えば1時間あるとすると、その中で卸売会社が帳合を持っているメーカーに対して、「はい、あなたのところは5分、あなたのところは10分、説明してください」と時間を配分するのです。

こうした中で、商談時間を増やしていくには、卸店でのシェアを上げるしかありませんでした。

そこでP&Gの流通戦略本部は、コンサルティング会社のブーズ・アレン・ハミルトンの知恵を借り、代理店である取引先の卸店を減らすという取り組みに挑みます。代理店を減らし、絞り込んで取引を集中させれば、そこに売上も帳合も集約できるからです。

ただ、それは簡単なことではありませんでした。仮にA社を代理店から外したとしても、特約店として残ることになったからです。小売店からすれば、特約店のA社からも仕入れられる。

しかも、代理店と特約店では仕入れ価格が違いました。代理店は当然メーカーの価格ですが、特約店は一次卸が設定した卸価格で仕入れる。経済的な余裕がなくなったら、小売店は安く仕入れたところから買った方がいい、ということになり、値引競争に拍車がかかる。当時は「パイを奪い合う」関係の商売だったからです。

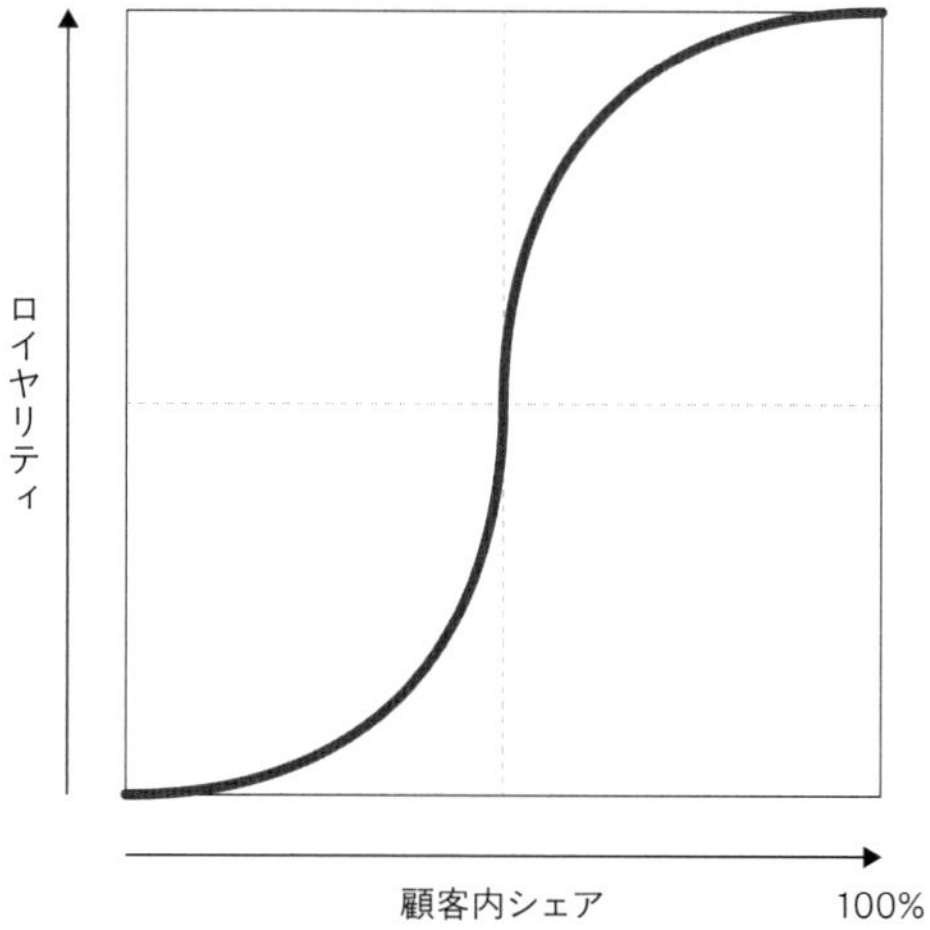

風車理論

しかし、最終的には帳合は集約していきました。しかも、一気に減らすことになりました。その金科玉条になったのが、コンサルティング会社が提示したフレームワーク「風車理論」でした。

私たちは営業として、そのニュアンスは理解していましたが、改めてコンサルティング会社から指摘されたことで、腑に落ちたのでした。

「風車理論」は、顧客内のシェアを増加させることで、顧客の自社ブランドに対する、あるいは自社に対する忠誠心（ロイヤリティ）が飛躍的に向上し、売上に効果を発揮する、というものです。

上の図にありますが、ロイヤリティは真っ直ぐに上がるわけではなく、風車曲線のようになる。実はこれは、営業として感覚的にとてもしっくりくるものでした。ロイヤリティの向上でわかりやすいのは商談時間が延びることですが、商談時間はパイが決まっています。そうすると、ある程度のところまでいくと、ギャップが埋まってしまうのだと思います。

いくらシェアが上がったところで、商談時間は卸売会社で決まっています。卸売会社の枠が増えるわけではないのです。

そしてこれこそが、絞り込むことの経済的な理由でした。

P&Gの営業を大きく変えることになった「中核卸店制度」

P&Gジャパンでは、1986年から「中核卸店制度」と呼ばれる流通戦略を実施しました。代理店と特約店の数を大幅に絞り込み、勝ち組の卸店を中心に強靭な流通網を構築していったのです。

それまでは、P&Gの前身である第一工業製薬、旭電化工業、ミツワ石鹸という会社を合併したP&Gサンホームが、代理店と小売業の帳合整理をしていませんでした。整理をせず、そのまま代理店を引き継いで合併してしまった。代理店の数が多過ぎたのです。

実際、当時のP&Gの売上は300億円程度だったのに対して、代理店は350店も存在していました。一社当たり、1億円程度の売上しかなかった。

結果として、帳合の350の代理店や2000店の二次卸店が同じエリアで同じ商品を持って小売業者への営業活動を行うことになりました。見積り合戦が起こるなど、卸売段階での価格競争も発生します。

つまり、ここでもP&Gは儲けも薄く、あまりかつぎたくないメーカーとなっていたのです。また、結果としてP&Gのブランドも安くなってしまった。

そこで、まずは卸店に期待する機能を定義しました。それが、店頭マーチャンダイジング力、物流能力、人材、将来性、P&Gとの取り組み姿勢などでした。

この基準をもとに、代理店を350から125社に、そして二次卸店も2000から400社に絞り込んだのです。帳合を集約化したことで、卸店一店当たりの売上が飛躍的に向上しました。

卸店がP&Gをかつぐモチベーションの向上を図り、「中核卸店」とのパートナーシップを確立、小売店との関係改善に活用したのでした。売上が下がることはありませんでした。むしろ小売店からのロイヤリティが上がり、商談時間が増えました。取引の質は圧倒的に良くなったのです。

「中核卸店制度」には、私自身、苦い思い出があります。私は入社3年目で流通戦略本部に異動になりましたが、当時P&Gは長年続いていた赤字経営からの脱却を目指した「一大飛躍」のための「3カ年経営計画」を開始したところでした。その柱の一つである流通戦略こそが「中核卸店制度」でした。

私のミッションは「中核卸店制度」と呼応すべく、後述する小売業の「ナショナルアカウント」を中核とした流通戦略を策定することでした。

当時優秀なコンサルタントのサポートを借りながら、小売業のセグメンテーション、営業ストラクチャー、カバレッジ、取引制度などを分析し、アイデアを作っていきました。アイデアが浮かぶたび、流通戦略本部長に提案と相談をしていました。

ところが、私のプレゼンはことごとくダメ出しをされてしまったのです。

「なぜこのプランを提案するんだ？　なぜ君はそう思うんだ？　それはどういう意味があるんだ？　なぜそれがうまく機能すると思うんだ？　それはどんなインパクトがあるのか？」

私が本部長の質問に答えるたびに、次から次へと質問が飛んでくる。そんなやりとりが毎日のように繰り返されました。私は思考力の未熟さを実感すると同時に、自信もくじかれ、モチベーションも下がっていったのでした。

1年という短いアサインメントでしたが、ついに私の提案が日の目を見ることはありませんでした。提案は当時の社長、ダーク・ヤーガー氏にプレゼンテーションすることになっていましたから、仕方のないことだったのかもしれません。

しかし、これは結果的に良かったと思っています。当時、流通戦略本部長であったMさんの厳しい躾のお陰で、物事を深く考える癖がついたのでした。その後のキャリアで、問題に直面した際の問題解決力が大いに高まったと心から感謝しています。

フランチャイズ法人数を約半分に絞り込んだマクドナルド

「かついでくれるパートナーの絞り込み」という原則は、B2Cビジネスにも適用することができます。日本マクドナルドも、実は絞り込みを行っているのです。

マクドナルドは、B2Cのビジネスですから卸店はありませんが、フランチャイザーに代わり、お客様に商品、サービスを提供するという意味では、フランチャイジーがマクドナルドの理念を共有する代理店のような存在ともいえます。ブランドの代理として商売をしてもらうわけですから、彼らとどう組むかは極めて重要です。

もともと地域社会とのつながりを大切にするのが、マクドナルドのレストラン経営で、世界的にも直営よりフランチャイズをメインの事業形態として採用していました。

実際、先進国ほどフランチャイズ比率は高く、それこそ米国では直営は5％ほど。残り95％はフランチャイズでした。それだけ、任せてもいい優秀なパートナーが多かったということです。ところが、日本では直営の店舗が約7割を占めていたのです。

私が日本マクドナルドに入社した当時には、フランチャイズ法人が数百社ありました。グローバル本社の意向もあり、日本も直営主体からフランチャイズ主体のビジネスに転換することを目指そうとしていました。一つのフランチャイズ法人当たりの店舗数を増やし、全店舗の7割以上をフランチャイズ化することを経営者が決定していたのです。

同時に、フランチャイズ法人の投資体力と経営体質を、より強化する成長戦略が策定されていました。

しかし、フランチャイズ法人に期待しているオペレーション、人材育成、財務管理、コミュニティとの関係構築にはバラツキがあったのが事実でした。すべての法人で一律に店舗数を拡大することは、日本マクドナルド全体の成長を最大化する機会を逸するリスクがあると判断せざるを得ませんでした。

そこで、フランチャイズ法人の業績、フランチャイズ・オーナーの事業拡大意欲、後継者の有無などに照らし合わせ、フランチャイズ・オーナー（マクドナルドではオーナー・オペレーターと呼称）を公正的かつ客観的に評価し、成長意欲とポテンシャルのあるオーナーにより多くの店舗を運営してもらうことになりました。

加えて、パフォーマンスの厳しいオーナーは、オペレーションの改善、現状の規模維持、規模縮小または、ベストなタイミングでお店を近隣のフランチャイズ・オーナーか直営に譲ってもらう、という方針が固まったのでした。

最終的にはフランチャイズ法人数は約半分に絞り込まれました。しかし、絞り込まれた大半が元社員の先輩でした。長きにわたり大変お世話になったオーナーに対し、後輩である現役社員が、この後のキャリアに関するコンサルティングとコミュニケーションをしなければならないというとても難しいミッションでした。

今日の日本マクドナルドの成功基盤は、このときのフランチャイズ化政策と、その後、店舗拡大したオーナー、新規のオーナーの経営努力、さらにはマクドナルド経営陣・営業本部との協働により確立されたものだったと感じています。

育てましょう！代理店との協働関係

大きく進むことになった中核卸店との協働活動

P&Gでは、80年代後半に「中核卸店制度」が確立した次に進めたのが、中核卸店との協働活動でした。メーカーとしても売上や利益を上げることを期待するわけですが、中核として選んだ以上、まずは卸店に儲かってもらわなければなりません。

しかし、利益だけ上げるというよりも、まずは断捨離を提案することになります。どこに流通の無駄があるのかを分析していったのです。ちょうど、時を同じくしてP&Gでは、流通のムリ・ムラ・ムダを排除しようという取り組みが進んでいました。ここで浮いたお金を、お客様の価値を上げるために使っていこうと考えたのです。

グローバルが目をつけたのは、まずは物流。さらには押し込み販売をしていたための無駄な在庫や無駄な返品。こうした、ビジネスのシステムの効率化ともいうべき取り組みを、日本でも進めることにしたのでした。

その理念を中核卸店とも共有し、押し込み販売をメーカーはやめること、卸店も受け付けないことを合意したのは、このときのことです。

協働事例を次頁の表にしましたが、ビジョンや理念を共有するため中核卸店会の組織化が行われました。ゴルフ会などの交流の他、流通経済研究所の理事長を呼んで講義をしてもらい、近代化についての議論を行ったりしました。流通とはどうあるべきか、同じ方向を向くための取り組みです。

また、中核卸店と協働するためには、さまざまな投資も必要になるため、投資のためのインセンティブを中核卸店だけに導入したのも、このときでした。

小売店の帳合を集中させ、売上を上げてもらうのと同時に、卸店抜きで小売業と直接、やりとり、商談をさせてもらうという組織も作りました。「ナショナルアカウント」です。業界トップの大手スーパーと直接やりとりができるようになりました。ただし、卸店の商売はこれまで通り行う。お金は経由しますし、流通も委ねるという仕組みです。

卸店との協働：P&Gの中核卸店との協働事例

項目	目的	方針	アクション
中核卸店	戦略的パートナーシップの強化	協働コミットメントの醸成	・中核卸店会による組織化 ・協働アジェンダ策定(商流集約化、物流効率化、情報インフラ整備) ・パフォーマンスインセンティブの導入
商流	中核卸店のロイヤリティ強化 大手および中小規模の小売との関係改善と協働深化	小売との関係強化 中核卸店との役割分担	・中核卸店に大手小売の帳合を集約 ・ナショナルアカウント支店とその後カスタマーチーム制の導入 ・ゴールデンストアプログラムの導入
物流	物流コスト削減 キャッシュフローの改善	TSE：トータルシステムの効率化	・過度な月末押し込み販売の規制 ・無返品の奨励とリベート ・現金払いの奨励とリベート ・24時間以内配送導入と20のDC設置 ・配送効率化奨励金(最低発注単位)の設定 ・工場直送奨励金
情報流	情報共有のスピード 情報の正確さ改善	TSE：トータルシステムの効率化 情報システムの電子化	・受発注の電子化 ・納品・出荷・在庫情報のEDI化 ・小売の販売データの共有

2000年に入ってからは、「ゴールデンストアプログラム」が導入されました。直接、商談する小売チェーンを300企業ほど広げたのですが、また絞り込んだのです。やはり商談の機能を、卸店に任せようという取り組みでした。

そして、「この新製品は配荷何点までお願いします」「この新製品はここまで売上を上げてください」などと任せたところにはしっかりとゴールを決めて、それを達成したらインセンティブを支払う仕組みを導入しました。

物流も、いろいろ取り組みを行いました。押し込み販売の規制の他、無返品の際のリベートや現金払いのリベートも導入されました。さらに、最低発注量が守られれば、24時間以内の配送を実現したり、トラックに満載にするなどの配送効率化や工場直送にも奨励金が出されるようになりました。結果的に物流コストは大きく下がりました。

情報についても、受発注の電子化や、納品・出荷・在庫情報のEDI化が進みました。

こうして、ムリ・ムラ・ムダが一気に排除されていったのです。

なぜ「フィールド・マーチャンダイジング」が必要なのか

協働においては、さまざまな施策に取り組むことになりますが、メーカーの本社で企画した店頭マーチャンダイジング、お客様とのコミュニケーション施策が、その後、店舗の現場で企画通りに実現されるとは限りません。むしろ、行われることは少ないと思ったほうがいいと思います。

また、小売本部で商談した内容についても、小売の店頭において、そのまま100%実施されることを安易に期待することはできません。

商談ののち、店舗に商品が並んだだけでは、商品は売れていかないのです。確実に消費者に浸透し、本部商談の結果が店舗に反映されるためには、自ら店舗に足を運び、自社の商品の露出を上げていく必要があります。

もとより、限られた店舗スペースは、メーカーにとって自社の所有するものではありません。自動的に商品を並べてもらえるわけではない。そこは、競合も店舗シェア拡大を狙って、スペースの取り合い合戦をし、しのぎを削る競争の場所なのです。

また、昨今の人手不足と人件費の高騰で、店舗従業員のオペレーションのキャパシティはかなり圧迫されています。バックヤードからの商品の品出し、売り場作りなど、労働集約的な作業がスムーズに行えないという事情もあります。

そこでメーカーが取り組むべきなのが、「フィールド・マーチャンダイジング」、いわゆる店舗巡回です。もしくは、「ラウンダー」と呼ばれる店舗での営業推進活動です。商品の品出しも行い、売り場作りも手伝ってしまおう、というものです。

P&Gも行っていましたが、メーカーたるサプライヤーが独自の「店頭実行チーム」を組織し、小売の店舗従業員と協働、売れる売場の構築を行っていくのです。この取り組みを通じて、店頭情報の収集はもちろん、店頭シェアの拡大を図っていきます。そのためには、店舗での高い露出でブランドを認知してもらう必要があります。

商品価値をＰＯＰなどでコミュニケーションし、実演販売で試してもらったりすることも有効です。数十万ある小売の店舗の中から自社ブランドにとって重要な店舗を抽出し、ブランドの露出と価値訴求を行っていくのは、極めて重要な市場攻略の打ち手となります。

消費財メーカーは多くが、「店頭実行チーム」を持って「フィールド・マーチャンダイジング」に取り組んでいます。メーカーは、誰をターゲットにし、売り場でどのように展開するのが有効か、狙いを持っています。そこで、それを売り場で実践するチームを組織しているのです。

内部の場合もあれば、外部の代理店に依頼しているケース、直接「ラウンダー」をパートタイマーで雇用しているケースもあります。実際に店頭で売り場を作ってもらい、レポートを上げてもらう。ＰＯＰ展開や実演販売も含まれることもあります。また、その後の動向についてもトラックしていきます。

ペットフードの「アイムス」が行っていた有効な取り組み

「フィールド・マーチャンダイジング」や「ラウンダー」の活用は、売上を上げていく方法が変化してきた象徴的な例の一つです。かつてのように大規模な広告宣伝をすれば売れていく時代ではなくなってきています。むしろ、小売の現場での露出そのものが、今やメディアのようになってきているのです。

P&Gでは、「ラウンダー」を使って店頭の売り場作りを行っていく費用は、マーケティングの予算から出されていました。テレビ広告を展開するだけでなく、店舗の第一線の売り場作りにも費用をかけたほうが、総合的にマーケティングの費用対効果が高いことが、次第に明らかになっていったからです。

その予算を使って「フィールド・マーチャンダイジング」や「ラウンダー」の組織を作り、指揮をしていくのは、営業の力になります。バイヤーとも協働しながら、いい売り場を作ってくれる優秀な「ラウンダー」をいかに送り込むか。そんな総合的なプロデュース能力が求められるようになっていったのです。

一つ、事例をご紹介しておきます。P&Gが1999年にM&Aによって吸収合併したペットフードの「アイムス」は、いち早くこの「フィールド・マーチャンダイジング」の重要性に気づいていました。

当時、マス媒体の広告宣伝を展開するほどブランドの規模と財務的余裕がなかったこともありますが、大型ホームセンターと大手ペットショップを中心に、全国数百店規模で「フィールド・マーチャンダイジング」を展開していったのでした。

店舗に派遣された「ラウンダー」は、ドッグフードやキャットフードの実物サンプルを、お客様に見えるように陳列していったり、POPを設置したりしていました。

また、大型ホームセンターでは、「ユーカヌバ」「アイムス」という2ブランドのサンプル商品の配布をしながら、お客様に商品説明をしてブランドの認知、試用と購買を促し、毎年、確実な売上と利益の成長を続けていました。

当時、「アイムス」はペット専門問屋経由で商品を市場へ配荷していたこともあり、日用雑貨や化粧品の営業部門とは別に、独立した専属の現場の営業部隊を組織化していました。

私は幸運にも、「アイムス」の営業企画とホームセンターなどのマスチャネルの営業責任者も兼任する機会に恵まれました。

犬猫の健康な歯や皮膚や毛づやを維持するために、オメガ脂肪酸などの健康的機能に基づく消費者（飼い主とペット両方）メリットのコミュニケーションを、店舗で商品特徴を伝えるPOPで展開。また、直接お客様とコミュニケーションしたり、サンプリングを行うことで伝達していき、売上とブランドエクイティ（ブランドが持つ無形の資産）の両方を向上させる仕組みの有効性を学ばせてもらったのでした。

同様に2005年に吸収合併されたパーソナルケアの「ジレット」も、「卓越的店頭実行：BRE（ブリリアント・リテール・エクスキューション）」と呼ばれる店舗巡回部隊を組織化していました。

特に、家電量販店ではジレットブランドの世界感あふれる売り場作りと実演販売を通じて、お客様への商品の価値訴求を効果的に行う販売活動などを実践していました。

当時、営業本部長だった私は化粧品、ペットフード、パーソナルケアの実務経験から、店頭マーチャンダイジングの戦略的価値を強く認識するようになっていきます。競合との劣位性をなくすだけでなく、独自の強みとして、競合ブランドに対抗できるような「フィールド・マーチャンダイジング」体制の強化を図っていくのです。

マーケティング費用を、どこに配分するか

少し古いデータではありますが、左の図は米国の調査会社GMAとBooz & Companyがまとめた米国の消費財メーカーのマーケティング費用の使用状況の推移です。

ご覧のように米国では、流通向けの販促費用（トレードプロモーション）やマス媒体への宣伝費の投下が減少しています。

一方、SNSやインターネット、「ショッパー・マーケティング」など、消費者の認知・興味・購買行動に影響力を持つ施策へのマーケティング費用へと大きくシフトしてきています。

消費者の4大マスメディア（テレビ、新聞、雑誌、ラジオ）に接触する時間が減り、SNSやインターネットを閲覧するスクリーンタイムが増加。それとともに、消費者の購買態度・行動が、店頭の施策によって、より変容することが理解されてきています。

消費財メーカーの広告宣伝費およびプロモーション費用の成長率

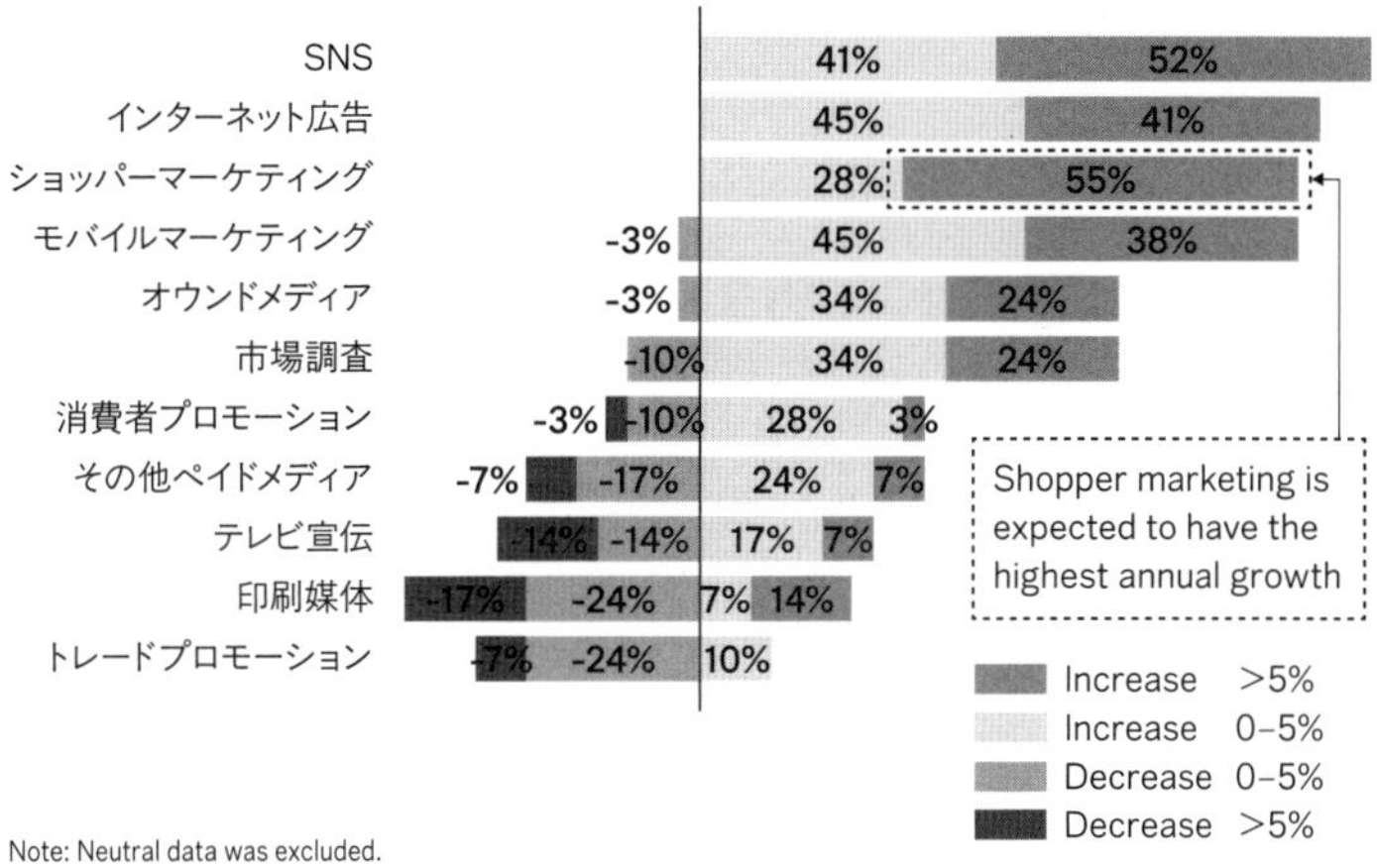

Note: Neutral data was excluded.
Source: GMA/Booz & Company, Survey of CPG Manufactures and Retailers, Summer 2010 (manufacturer responses only).

その結果、旧来の流通向け販促費（トレードプロモーション）やマス媒体に偏っていたマーケティング費用が、より消費者にブランド価値の伝わりやすいメディア、店舗体験にシフトしているのです。このメガトレンドは、今後も継続すると考えられます。

日本のメーカーも、自社ブランドのお客様の購買行動を見据え、マーケティングの費用対効果を分析していく必要があります。旧来型のマス媒体への広告宣伝など、ＲＯＩ（投資利益率）の低くなった打ち手を見直し、費用を削減する必要があります。そして、それらを原資として、お客様の購買態度・行動変化につながるマーケティング費用にシフトしていく。そのための予算策定の仕組み作りに取り組むべきだと考えます。

　そして今、大きく注目されているのが、小売業そのものがメディアになるという考え方「リテールメディア」です。象徴的なのが、今なお大きく株価を上げている米国最大の小売業、ウォルマートの取り組みです。

　ウォルマートはネットスーパーも展開していますが、人気なのがネットスーパーでオーダーして、店頭でお客様が受け取るというサービスです。時間をかけて商品を店内で探さなくても、注文した商品はすでに袋や箱に入れられており、車で店舗に行って、それを受け取るだけです。

　注目は、ネットスーパーで注文する際、カテゴリーごとにどのメーカーの商品が上位に表示されるか、です。検索エンジンのSEO対策ではありませんが、どのメーカーを上位にするかは、ウォルマートが決めることができるのです。これが広告費扱いとなっています。

　当然ですが、上位に表示されれば、それだけ消費者からの注目度は高まります。しかも、ネットスーパーを見ているわけですから、購買意欲は極めて高い。費用をかけてでも、上位に表示してもらおうと考えるのは、無理もないと思います。ウォルマートは、新たな収益の柱を見つけたのです。

　ニューヨークで行われた２０２４年の全米小売業界のショー「ＮＲＡ（ナショナルリテールフェデレーションショー）」では、このリテールメディアが大きな話題になっていました。

小売業が、商品の売買以外で収益を得る機会を得たということです。

米国の地上波のNBCの視聴率とウォルマートのネットスーパーの視聴率が比較されていましたが、今やウォルマートが上回っている。また広告体験と広告の注目度において、リテールメディアが他のあらゆる主要メディアを凌駕しているのです。これは、アマゾンなども同様ですが、今やメディアとして大きな価値が生まれているということです。

さらにウォルマートはテレビメーカーの「ビジオ」を買収しており、そのテレビのリモコンにウォルマートボタンが標準装備されるのでは、といわれています。パソコンを開かなくても、テレビでネットスーパーが見られたり、注文できるようになるのです。新しい方法で顧客とつながり、サービスを提供するということです。

小売業もテック化しているわけですが、同時に消費者の購買行動を与えるメディアも大きく変化していることに注目しておく必要があります。

第5章

「値下げ」に頼らない営業の仕組み

利益なき繁忙は長く続かない

安売りが続くと、流通パートナーも危機に巻き込む

学生時代、遊んでばかりだった私を、ありがたいことに拾ってくれたのが、P&Gという会社でした。しかも、何より5月のタイミングで早く内定を出してくれた。これなら、暑いときに就職活動をしなくていい、という思いもありました。

当時は今のような知名度、規模、ブランド力はありませんでしたが、もしかしたらグローバルで仕事をするチャンスがあるかもしれない、という淡い期待はありました。英語もできなかったのですが、冒険的に入社してしまった、とも言えます。

ところが、入社して直面したのが、安売りによってブランドが毀損していたことだったのです。安売りが常習化すると、小売店で特売を可能にする販促金という条件が付いていないと卸店は商品を買ってくれなくなるということも知りました。

しかし、安売りが得意なところに、どんどん販促金が向かってしまったりする。そして最

終的に月末の売上数字を作るために、会社に特別条件を申請したり、卸店の帳簿にプールしてある過去の販促金を活用して押し込みセールスをしたりすることになりました。

さらには、先にも書いたように、卸店の倉庫に在庫スペースがない場合は外部倉庫への預かりという方法で売り上げを操作したケースもありました。

当然、これらの大量に押し込まれた在庫は簡単には消化できず、翌月になっても卸店からの注文がもらえず、また月末になって同じ不合理な商習慣を繰り返すという不毛な日々を送ることになってしまいました。

卸店がディスカウンターに納めてしまい、さらに安売りされてしまうという悪循環も続いていました。

1980年代から2000年代にかけて、他の業界で起きたように日用雑貨業界でも、しばしば卸店が経営破綻する危機に直面する事態が発生しました。

私が営業部長を務めていた時代にも、卸店チームの部長からある中堅の代理店が売掛金の支払遅延に陥るという連絡が入ったことがありました。すぐに在庫を押さえようと営業部員を派遣するも、既に破産管財人が在庫を押さえており、未回収の売掛金を回収することができない。原因を調査してみると、その代理店の帳合先の得意先が倒産。売掛金の回収ができなかったというのが直接の引き金でした。

しかし、伏線としては、長きにわたり、その卸店の主要マーケットでは全国卸店との有力小売店の帳合を奪い合う価格競争が激しくなり、かなり薄利で無理な見積りを維持していたのです。内部留保も減少しており、こうしてバランスシートに現金・預金などの財務的な余裕がなくなっていたことが判明したのでした。

幸いにも支払いサイト延長など、我々の支援策も功を奏し、その卸店は倒産を免れました。しかし、帳合卸店が財務的に無理な商売をしている状態が長く続くと、サプライチェーンは弱体化し、競合にシェアを奪われるという教訓を得ることになりました。

利益なき繁忙は、長くは続かないということです。安売りが続くと、メーカーだけではなく、卸店、代理店など、流通パートナーも危機に巻き込んでしまいかねない。安売りの怖さです。求められるのは、あくまでお互いがメリットを得るWin-Winの関係、のはずなのです。

市場規模が大きくなった米国では何が起きたのか

実は米国でも、ひと足先に同じような状況に陥っていた時代がありました。山崎康司著『P&Gに見るECR革命』によると、米国の消費財業界では1980年代、メーカーの全プロモーション支出の約30%が、流通向けの販促経費になっていました。

ところがその後、この割合は右肩上がりに上昇していき、10年後には50%にまで達してしまいます。このトレンドが続き、メーカーの流通向け販促値引きは、小売価格の20%以上に達することになります。

この商習慣は、さまざまな弊害を伴うことになりました。卸店や小売は、この販促に対応して、値引きされている間に大量購入を行い、それを在庫するようになったのです。

これは、消費財業界で「フォワード・バイイング（日本語でいう押し込みセールス）」といわれ、キャッシュフローを悪化させました。膨らんだ在庫を減らすため、追加の販促金を付加投入することになり、まさに利益なき繁忙に導く前近代的な商習慣でした。

価格主導型で、前近代的な「限られたパイを奪い合う」取引慣行は、Win-Loseなものです。しかし、米国では2000年代に入り、小売業はメーカーとの戦略的協働関係を深化させ、「パイを奪い合うのではなく、パイ自体を大きくする」という発想で、相互にメリットのある持続可能な関係を築くことになっていきます。

前近代的な取引慣行から脱却したのち、米国市場がどうなったか。消費者のニーズ、市場のトレンドの変化に応じて、メーカーと小売業は協働し、非価格主導型の新しい協働プロセスを作り、市場が大きく成長したのです。

次頁の図からは、米国の全消費財、そのうち日用雑貨、ソフトドリンク市場がどのように動いたかが見えてきます。左側のグラフはニールセン調べによる2016年の市場規模とその構成比です。

そして右側は、2016年から2020年の4年間に、全消費財市場、日用雑貨、ソフト

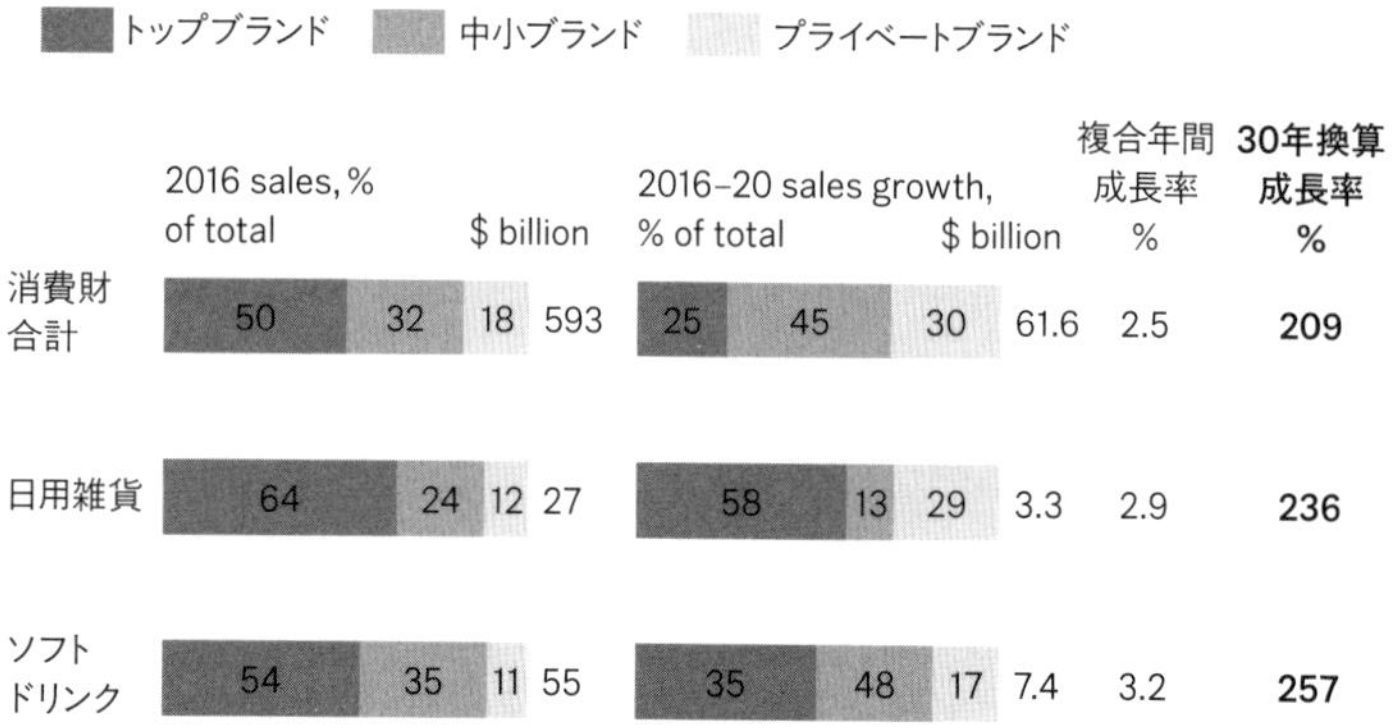

Leading Brands defined as the top 3 brands by TTM 04/2016 Sales by sub-category (eg, whiskey, hair care) , small/ medium brands as remaining brands apart from Private Label.
Includes food/grocery, drug, mass merchandisers, Walmart, club stores, and dollar stores. Years refer to 12 months, ending in April of that year (eg,2016–12months from 05/2015 to 04/2016) . Source: Nielsen.

米国のブランドセグメント別の売上シェアと市場成長率

ドリンクという3つのカテゴリーで、それぞれ市場がどのくらい増加したのか、構成比と複合年間成長率が記されています。

グラフ内の構成比は、各カテゴリーのトップ3ブランド、中小ブランド、プライベートブランドの3者のシェアを示しています。日用雑貨カテゴリーとソフトドリンクカテゴリーは、全消費財市場に比べて、複合年間成長率で高い数字を示しているのが、おわかりいただけると思います。

また、日用雑貨カテゴリーでは、全消費財市場と同様、プライベートブランドの売り上げシェアが伸びている一方、トップ3ブランドは売り上げ構成比をほぼ維持しています。つまり、日用雑貨カテゴリーのトップ3社は、他のセグメントのメーカーよりも、小売業とのWin-Win協働が実現できているということだと思います。

米国の消費財市場の２０１６年から２０２０年までの複合年間成長率は２・５％。この成長が仮に30年続いた場合、市場規模は２００％を超えることになります。つまり、30年で２倍になるのです。

日本には「失われた30年」という言葉がありますが、もし日本が１９９０年代のバブル崩壊後に、米国と同様にメーカーと小売業が協働し、お客様起点のサプライチェーンとディマンドチェーンの改革を行っていたら、どうだったか。

もちろん市場成長要因は価格だけではありませんが、「失われた30年」からは、もっと早く脱却できていたのではないかと考えてしまいます。それどころか、市場規模そのものが、もっともっと大きくなっていたのではないでしょうか。

P&Gやコカ・コーラ、ペプシコーラをはじめ、米国の多くの先進的な消費財メーカーは、小売業と協働して需要創造をすることで、カテゴリーと利益を確実に成長させていったのです。

最適化せよ！　価値が変わる販促金

非価格主導、価格一辺倒ではない取引制度とは

新しい時代の取引とは、どのようなものなのか。続いてご紹介したいのは、メーカーの流通向け販売促進費、いわゆる販促費の扱いです。

歴史を紐解くと業界を問わず、メーカーは小売業に販売促進費を提供しています。この販促費は、大手小売業者のバイイング・パワーが強くなるにしたがって、総費用が増大していきます。

そして、これが小売の低価格競争のための値引き原資として利用されるようになりました。時としてその値引率が大きくなり、特売が頻発すると、ブランド価値にふさわしくない価格設定が行われてしまいます。

値引率が大きくなればブランド価値そのものがコモディティ化し、値引きをしても費用対効果の高い特売の機能を果たさなくなります。こうしたリスクを避けるためにも、消費財メ

メーカーの流通向け販売促進費

種類	特徴
制度的取引管理費	メーカーが流通業者と効率的に取引を行うための制度的な支出。 例：物流効率化リベート、現金支払いリベート、年間契約リベート等
能動的販売促進費	短期的な販売促進を目的とする支出。月間特売やチラシ特売に使用される。 例：一時的値引き費用（*TPR）等
受動的販売促進費	経費負担的なものが多く大手小売業者の交渉力によって引き出されることが多い。メーカー間の競争が激化する中で増加。制度化されておらず、費用の経済合理性が不透明なものもある。 例：センターフィー、POP制作費、POSデータ買取費、特別協賛金等に関する追加費用

＊TPR：Temporary Price Reduction

ーカーは、価格と販売促進の戦術には注意をしなければなりません。

メーカーが支出する販促金は、上の表に記したように大きく3つに分類されます。「制度的取引管理費」「能動的販売促進費」「受動的販売促進費」です。

「制度的取引管理費」は、メーカーが流通業者と効率的に取引を行うための制度的な支出のことです。取引契約をする際に、メーカーが代理店や二次卸店に対して、標準的に、すべての得意先に、取引を効率化するために設定します。物流効率化リベート、現金支払いリベート、年間契約リベートなどがあります。

「能動的販売促進費」は、短期的な販売促進を目的とする支出です。新製品が出たので店頭の露出を取りたい、今月は大きな売り上げを狙いたい、というときに、一時的な値引きを狙います。月間特売やチラシ特売などに使用されます。

「受動的販売促進費」は、センターフィー、ＰＯＰ制作費、ＰＯＳデータ買取費、特別協賛金などに関する追加費用などがあります。もともとメーカーが予定していたものではなく、大手小売業者の交渉力によって引き出されることが少なくありません。

メーカー間の競争が激化する中、増加していくのが「受動的販売促進費」です。メーカーと小売業のパワーバランスの中で、小売業者が強くなるほど、この支出が大きくなるという傾向がどの業界でもあります。こうした状況から、いかに抜け出していくかが大事です。

一つは、「制度的取引管理費」の中に、「受動的販売促進費」を補うようなものを制度化して入れてしまうことです。小売業から言われたから出す、ということではなく、最初から小売業も利用できるような仕組みを入れる。

例えば、港から直接、物流センターに持っていく。バラバラのトラックではなく、10トントラック満載で持っていってくれるなら、相当程度の費用を支払う。あるいは、48時間のリードタイムでオーダーしてくれるなら、少し安くする。こんなふうに何かしら制度化して、「受動的販売促進費」の支出を減らす。財務的にもサプライズになるため、計画性を持った仕組みを作るということです。

２つ目は、「能動的販売促進費」の費用対効果を上げるためにも、ブランド価値を低下させるような過度の値引きにつながる販促金の使用を制御することです。とんでもない安い価格が出てしまったり、ある地域だけモノがなくなってしまったり、ディスカウンターが安く売ってしまったりすると、一気にモノが動いて、物流に影響も出かねない。極端な安売りが出ないような仕組みを作るということです。

3つ目が「制度的取引管理費」は都度払うものの、経済合理性を超えた要求があった場合には、しっかり断ることです。そして制度化できるものは制度化して、要求されるたびに出すことを避けていくのです。

こうした流通向け販促金を減らす努力をする目的は、単にメーカーの利益を上げるという利己的なものではありません。お客様であるショッパーの店舗体験価値を向上させ、売上とブランドロイヤリティの向上に結びつくような、賢い販売促進にシフトするための原資を捻出するため、なのです。

前近代的な取引制度と、近代的な取引制度はどう違うのか

先にも触れていますが、1980年代の日用雑貨業界では、価格主導型のプロモーションに呼応するように、卸店に対する月末の押し込みセールスが横行していました。

今では考えられないことですが、一部のメーカーでは、卸店に事前承諾なしにメーカーの営業が商品を出荷し、事後承諾を得るという「鉄砲」と呼ばれる押し込み販売方法も存在し

ていました。

こうして積みあがった商品の過剰在庫を減らし、回転率を上げるため、流通はその値引き購入品を他の地域や帳合先の小売以外へ転売することを考え始めるようになります。これが品質劣化や過度な安売りにつながる「横流し」と呼ばれるものでした。

押し込み販売と横流しの利ザヤは一見、卸店の収入源になるように思えますが、在庫の増加により、卸のキャッシュフローは悪化することになります。また、在庫日数の経過や商品の積下ろし回数の増加によって、品質も劣化します。

消費者にとっての便益を損なうとともに、メーカー・小売にとってはブランドイメージダウンのリスクや、無駄な保管・移動・返品コストの負担が発生します。それを考えると、小売、卸、消費者、メーカー4者にとって、まさにLose-Loseの悪しき習慣でした。

そう知りつつも、今なお、こうした押し込み販売の呪縛から脱却することができないでいるメーカー、業界は実は少なくありません。

日用雑貨業界を中心に、流通向け販促値引きの習慣は改善していますが、私が仕事でお付き合いをしている業界でも、旧態依然とした商習慣の多くは今なお残っています。

では、前近代的な取引制度と、近代的な取引制度はどう違うのか。左の表にまとめました。

「支払い」に関しては、昔はほとんど現金で払う会社はなく、2、3カ月後となる掛け売りでの支払いでした。ただし、商品はしっかりと引き取ってくださいというケースが多かった

取引制度と販促費用の比較

	前近代的		近代的	
	不公平・不透明・複雑		公平・透明・簡素化	
	目的	取引制度	目的	取引制度
支払い	短期的売上達成（押し込み販売）	掛け売り（支払いサイト60日〜90日）	キャッシュフロー適正化 卸の在庫適正化	オンラインでの現金払い
価格	プロダクトアウトの価格設定	建値制度（製販・卸・希望小売）	消費者起点の価格設定	製販価格、オープン価格 （卸・小売）
物流効率	配送スピード 多頻度・小口配送	最低発注量制限なし	物流の全体最適化	最低発注量引き上げ 配送効率化リベート
販促金	短期的売上達成（押し込み販売）	短期的値引き（都度申請・後精算）	販促金の使途明確化 営業スタッフの雑務省力	短期製販値引き（都度申請・後精算の値引き中止）
販売情報	販売情報把握	メーカーの出荷情報把握	販売情報リアルタイム把握	EDI奨励金 （小売への納品・卸の在庫データ）
サステナビリティ	柔軟なサービス	返品制限なし	ロス削減	無返品奨励 （リベート）

のは、月末に押し込みセールスがしやすかったからです。お金は後でいいので、在庫を置いてもらいたかったのです。

今はキャッシュフローが重視されます。現金はくるくると回すことによって、利潤が生まれます。卸店も多くの在庫を置きたくないし、メーカーも押し込まれたくない。現金払いで取引を行うことが増えています。

「価格」はかつて、プロダクトアウトで行われていました。メーカーが決めていたのです。そこから建値制度と呼ばれる仕組みが作られ、卸店別に価格が異なるようになりました。そうすることで、得意先にある種、公平で透明で、適切な価格コントロールができるのではないかという淡い期待を持っていたのでした。

しかし、現在は消費者起点での価格設定が行われます。希望小売価格は設定してはいけないという公正取引委員会からの規制があり、メーカーは価格をコントロールすることはできません。

価格は消費者が決める。あるいは、小売業が自分たちのマージンを乗せて決める。製販価格（メーカー仕切価格）はあるものの、卸価格も小売価格もオープン価格であり、メーカーからは何も言わない、と変わってきています。

「物流効率」は、サービスやフレキシビリティが重視され、納品リードタイム、さらには1ケースから発注していい、など最低発注量の制限もありませんでした。

しかし、近代的な物流ではコストが上がり、現場のオペレーション負担もかかりますから、全体最適化が図られています。早めに注文をもらったり、最低発注量を引き上げたり、トラックをいっぱいにしたり、工場直送にしたりすることで浮いたコストを得意先とシェアするような動きが始まっています。

「**販促金**」は、昔は短期的な値引きが中心でした。その都度、営業担当者は会社に申請を上げ、承認をもらい、月末に大量の書類を処理する仕組みでした。

近代的な販促金は、わざわざ都度申請をしなくても、半年間の販促条件が決まっていたり、データ実績に応じて支払う仕組みが作られており、申請は不要になっています。

「**販売情報**」は、かつては卸店に対してどのくらい出荷したのかという、メーカー側の出荷情報しかありませんでした。しかし、これでは小売でどのくらい売れているのかが把握できない。

そこで、卸店とEDIを結び、卸店から小売への販売情報がリアルタイムで把握できるようになっています。多くの業界が取り入れていますが、食品業界など一部の業界ではまだのところもあるようです。最近では、さらに進んで小売業とEDIを結び、リアルデータでID－POS（ポイントカードなどとの組み合わせ）を入手している企業も増えてきています。

「**サステナビリティ**」については、かつてはまったくその概念がありませんでした。返品はたくさんやってきますし、配送ルートも物流効率を考えることなく、注文にただ応じて配送する非効率でCO_2をばら撒くような状況でした。

今は、無返品が奨励され、配送ルートもアルゴリズムで配送ルートを決めて、効率のいい配送が行われつつもあります。

販促費を「透明」「公平」「簡素」化せよ

すでに記したように、P＆Gもかつては前近代的な取引制度が行われていました。しかし、それを改革し、消費者に受け入れられ、かつブランド価値を向上する新たな販売促進の仕組みを開発しなければならないと考えるようになっていきます。

P＆Gが取引制度を改定したのは、1988年でした。それまでの取引制度は、前身の日本サンホームが持っていた、不透明で得意先ごとに仕入れ価格が異なるものでした。

この制度を標準化するため、「透明性」「公平性」、および「簡素化」の3つの基本原則を定め、すべての代理店に対して同じ取引基準を提示し、価格表も製販価格（メーカー仕切価格）に一本化しました。

卸売業者向けの取引制度では、インセンティブ支払いの項目を厳密に定め、それに対して条件をつける方法に変更します。

具体的なインセンティブには、「金利引き」「無返品奨励金」「配送効率化奨励金」が含まれます。

例えば、「金利引き」は手形決済が普通であった当時に、現金決済を条件としたものです。「無返品奨励金」は、業界慣習として売れ残りを返品することが普通だった中、返品しないことを条件としています。「配送効率化奨励金」は、最低発注数量を10ケース以上とすることを条件に支払われるもので、配送効率によって価格を変える考え方を導入しました。

さらに、1980年代後半には、小売店向けの新しい販促制度も導入されました。それ以前は卸売業者にだけ販促金を支払い、卸店経由で小売業に値引きやリベートの支払いを行っていました。

しかし、あまりにも多くの種類と多額の販促金のやり取りが発生し、各販促金の使途が不明確になっていました。また、各営業スタッフが毎月、追加の販促費を社内で申請・精算する作業に莫大な労力が掛かっていたのです。

お金の管理に疎い若手の営業担当者の中には、本来の予算以上の販促金を得意先に約束してしまい、卸店に多額の未払金（借金）を発生させ、社内で懲罰にかけられたり、身銭を切って支払いを行うという悲劇が発生しました。

そうした問題を払拭すべく、P&Gから直接販促金を小売業者に支払う新しい制度を設けたのです。この制度では、販売目標達成リベートや期間限定の販促費が支払われるようになり、お金の流れを透明にするとともに、営業スタッフの販促金申請・精算というムダな労力の削減を行うことができました。

P&Gの初期の取引制度改革は、日本における取引制度の標準化を進める一方、取引の透明性と公平性を高め、効率化を目指したものでした。

旧態依然とした流通向け販売促進費を、物流効率化と小売企業との協働ビジネス開発のためのスマートな販促費用にシフトしていったのです。これが、のちのP&Gの長期的な成長の基盤である、得意先との協働の大きな推進力となりました。

ビジネスデベロップメントファンド「BDF」導入

その後、P&Gは過去30年で最大規模と言っていい大きな変革に挑むことになります。それが、1997年のビジネスデベロップメントファンド「BDF」の導入でした。この「成果報酬型の取引制度」を全カテゴリーに導入するにあたり、プロジェクトリーダーを担当したのが、私でした。

詳細を左の表にしましたが、この改定の目的は、P&Gと小売業者が協力し、効率的な店頭プロモーションを行い、店頭でお客様に高い価値を提供することにより、小売の店舗およびブランドに対するロイヤリティを向上させること。そして取引制度を簡素化し、バリューチェーンのムリ・ムダ・ムラを排除することでした。

背景にあったのは、大手小売業者のバイイング・パワーが強大になり、頻繁な値引き交渉やリベート交渉が激化し、製販価格も低下、リベートが増大し続け、P&Gや卸店の利益が

ビジネスデベロップメントファンド：BDF

項目	特徴
目的	・小売業者と協力して効率的な店頭プロモーションを行う ・店舗でお客様に高い価値を提供することで小売の店舗およびブランドに対するロイヤリティを向上させる ・取引制度を簡素化しバリューチェーンのムダを排除する
原則	透明、公平、簡素化
仕組み	・各小売業者の前年同期の半年間の売上数量にケースレートを掛けて販促金の総額を決定 ・前年の数量を超えた分はGo-Liveファンドとして予算は追加される ・一定範囲内で使い残したBDFは次の半期にキャリーオーバーが可能
メリット	・価格の極端な上下変動により発生する緊急発注や在庫と物流の揺らぎを抑え、サプライチェーン全体の効率を高める ・営業担当者が短期的な販促予算を超える度に、毎回本社に特別申請を行う必要がなくなり、社内外の交渉に費やす時間を削減 ・小売業者は半年間の販売促進計画を立てやすくなる

圧迫されていたことでした。

仕組みとしては、１９８８年の取引制度改定で新設された、販売目標達成リベートや特定量販店向けの販売促進費などの複数の販促金制度を、一般的な販売促進費とともに「ＢＤＦ」という一つの販促金制度に統合したことです。

「ＢＤＦ」では、販売促進費の総額を半年ごとに決定し、小売業者に事前に提示する方法に変更しました。

各小売業者の前年同期の半年間の売上数量にケースレートを掛け、販促金の総額を決定します。前年の数量を超えた分は「Go-Live ファンド」として予算が追加され、またある一定範囲内で使い残した「ＢＤＦ」は次の半期に持ち越すことを可能にしました。

これにより、販促金は公平かつ透明なものとなりました。また、使用方法については一定の制限があるものの、使用に関しては小売業者の判断に任せる形としました。

値引き原資やチラシ、応募プロモーションなどの「ＢＤＦ」の使用方法については、基本的にバイヤーの裁量に任されていました。しかし、日用雑貨品の場合、過度な安売りと売上の急上昇により、配送・品出しの混乱やブランド価値を毀損するリスクが懸念されたため、販促金の使用に関して一定の制限を設けることにしました。

例えば、納品価格の値引き費用については、一個当たりの上限金額、商品カテゴリー単位での使用（他のカテゴリーへの転用禁止）や、半年間の予算を短期間で使い切ることができないよう、詳細なガイドラインを設けました。

狙い通り、販促金の総額を半年ごとに決定することで、中期的な販促計画が立てられると同時に、価格の極端な上下変動により発生する緊急発注や在庫、物流の揺らぎを抑え、サプライチェーン全体の効率を高めることができました。

そして、結果的にプロモーションの費用対効果を高めることができるようになり、極端な安売りにより、ブランドの健康状態を脅かすリスクを低減することにもつながりました。

このタイミングで目標達成リベートは廃止されました。その理由は、小売業者が目標未達成でもリベートを要求することが多かったためです。

「ＢＤＦ」の導入によって、販促金の計算は目標達成ができたかどうかではなく、販売実績に基づいて行われるようになりました。小売業者は、獲得できるかどうかわからない目標達成リベートを気にすることなく、半年間の販売促進計画を立てやすくなりました。

また、販促金の総額を半年ごとに決定することで、P&Gの営業担当者が短期的な販促予算を超えるたび、毎回本社に特別申請を行う必要がなくなり、社内雑務の手間や、バイヤーとの販促金交渉に費やす時間と精神的なエネルギーをセービングすることができました。

計画的に販促金を使える魅力を理解してもらえた

P&Gの取引制度改定と「BDF」の導入は、小売業者との取引をより透明、公平、簡素にし、ブランド価値を維持しながら効率的な販売促進を行うための重要なステップとなりました。

「BDF」は端的に言えば、P&Gのブランドを守るためのファンドであり、得意先と協働でビジネスを作っていくための仕組みでした。

ちょうど米国では1992年に同じような改革に取り組んでおり、米国本社とも連絡を取り合い、何がうまくいったか、何がうまくいかなかったか、いろいろなことを教えてもらい、進めていきました。

もちろん、「BDF」は痛みを伴う改革でした。前近代的な営業こそ当たり前と考えていた営業担当者からは大きな反発がありました。しかし、近代化のためには、それは避けられないと思っていました。名刺を床に投げ捨てられた経験を持っていた私は、今こそ仕組みを変えなければいけないという強い意識でプロジェクトを推し進めました。

当時のP&Gジャパンの社長、ボブ・マクドナルド氏はのちにグローバルのCEOになりましたが、このときの私の改革に対して大きなサポートをくれ、「絶対にやりなさい。私が責任を取る」とまで言ってくれました。彼の後ろ盾も大きかった。

また短期的には、それまで売上シェア以上の販促金シェアを享受していた大手小売業からも反発がありました。

棚でのスペースや、陳列台での販促展開の露出が一時的に減少したことで、初年度は数字を落とすことにもなりました。

しかし、2年目から上がり始め、3年目には導入前の金額に戻り、以降は伸びを続けていくことになります。

背景にあったのが、現場セールスの粘り強いコミュニケーションと、その後、発売された多くの新製品の成功でした。

「BDF」のメリットに関する得意先の理解も徐々に得られるようになり、商品の店頭露出は回復。プロモーション価格の適正化により、極端な安売りによる小売マージンの低下、またブランドのイメージダウンに、ある程度の歯止めをかけることができたのでした。

私もその後、カスタマー・マーケティング部から現場へ異動になり、大手流通グループ担当の営業部長として奮闘しました。しばらくすると営業スタッフから、商談中にある大手小売業の有名なバイヤーがこんなことを申し出た、と教えてくれました。

「僕のＢＤＦを勝手に使わないで」

これは、うれしい一報でした。導入直後はなかなか大手得意先バイヤーの理解が得られず、軌道に乗るまで少し時間が掛かりました。しかし、バイヤーから単発ではなく半年ごとに計画的に販促金を使えることの魅力を理解してもらえるようになったのです。

また、Ｐ＆Ｇ商品の売上を伸ばすことで「ＢＤＦ」の財源を増やすことができます。ポジティブな売上スパイラルを構築するWin-Winな販促財源としての意義も理解してもらえたのだと思いました。

当初は「ＢＤＦ」にネガティブであった大手小売業のバイヤーが、ついに「ＢＤＦ」の意味とメリットに理解を示してくれた。カテゴリーの方針に則って中期の売上を達成するため「ＢＤＦ」を計画的かつ戦術的に活用したいと感じてくれた。それを象徴する、生涯忘れられないバイヤーの貴重なつぶやきでした。

化粧品ビジネスでも行われた取引制度改革

Ｐ＆Ｇ時代、私は「マックスファクター」の化粧品ビジネスを立て直した経験を持っています。90年代中頃、私は化粧品事業部でチャネル戦略および新取引制度のプロジェクトリーダーを務めていました。

ビジネスの立て直しにあたり、配荷店舗の絞り込み、取り組み企業の見直し、美容部員（ビューティー・カウンセラー）の派遣店舗の見直しなどを行いましたが、このとき同時に推し進めたのが、新しい取引制度の導入でした。

商品がディスカウントされて売られるばかりでなく、横流しをされていたという状況があったのですが、その原因であったセルイン（納品）ベースの大幅な累進リベートを廃止したのです。

そして、製販価格の改定（事実上の値下げ）を行うとともに、値引き販売に頼らない売り場のプレゼンテーション強化とカウンセリングを促進する新取引制度を導入しました。

このときは、単に安売りをしないというだけではなく、本来、お客様が望んでいるカウンセリングや、美容部員によってしっかりと商品の価値を伝えて販売するという環境を作りたいという思いがありました。

高級品や高付加価値品であればあるほど、ばら撒いてはいけないのです。その商品の特性が伝わる、価値が伝わる売り方、売り先、売る方法、店選びをしなければいけません。

リベートが削減される売上が上位の約20社の小売業との難しい本部商談には、現場セールスと一緒に同行しました。得意先からは耳の痛いフィードバックを受けることになりましたが、ビジネス立て直しのビジョンと改革の意義、そして目的を、丁寧に粘り強く説明していきました。多少なりとも、最前線の現場に改革の熱量が伝えられたのでは、と思っています。

化粧品における取引制度改革は、取り扱い店舗削減との相乗効果で、極端な安売りを行ったり、契約違反となる横流しをする得意先の活動を不活化することにつながりました。

一方、これまで丁寧なカウンセリングを中心に、顧客満足度の向上に尽力していただいていた多くの百貨店や化粧品専門店などは、より利益率の高い、カウンセリング努力の報われる取引制度に賛同くださったのでした。

商品の品質とブランド価値の毀損リスクを減らすと同時に、マーケティング部門の「SK－II」成長戦略、美容部員（ビューティ・カウンセラー）部門の新カウンセリング＆サービスカルチャー改革とも相乗効果を発揮することになりました。

新しい取引制度のもとでは、こうした得意先との協働関係が深化することになり、これまで以上に「マックスファクター」の売り場は拡大しました。

大型店舗では「SK－II」カウンターを新設し、お客様にさらに質の高いカウンセリングを実施することが可能になりました。こうしてお客様のニーズにマッチした推奨販売を行っていただいたことで、その結果として「マックスファクター」のV字回復に大きく貢献できる営業基盤が整備されたのでした。

第6章

顧客を減らさず「値上げ」を可能にする方法

真実の瞬間を極める顧客体験

なぜスターバックスコーヒーには人が集まるのか

「値下げ」は企業の首を絞めるだけなので避けるべきだ、と書いてきました。逆に「値上げ」はお客様の反感を買うことが多く、勇気のいる戦略になります。

お客様に怒られない値上げなぞあるのか？　それを初めて着想したときのことを今も覚えています。２０００年、私がＰ＆Ｇの営業企画部の責任者をしているとき、Ｐ＆Ｇジャパンの社長だったボブ・マクドナルド氏から、１冊の本を勧められたのでした。それが、『経験経済（The Experience Economy）』というタイトルの英語の本でした。

私はそれまで「価格」が商談の中心に据えられていたのが、そうではない選択もあるという大きな気づきを得ることになりました。

わかったのは、お客様の心に残るような「体験価値」を提供することこそ営業やマーケティングの役割であり、それをどうやって得意先に示していくか、そこが重要なのだ、ということでした。

そうすることによって、安売りという安易な販売方法を避けることができ、しっかりとブランドも育ち、持続可能な経済が生まれるということです。

私は何度も読み返すほどこの本に感銘を受け、チームメンバーに勧めるだけでなく、その内容を得意先にも紹介していきました。

主要な日用雑貨ブランドの価格戦略を得意としていたドラッグチェーンの商品部との商談に同行する際には、この本にあった経験経済の理論を説明し、特に複数のチェーンのバイヤーや商品部のマネージャーに「買物体験価値」の重要性を語っていきました。

この本に書かれている経験経済モデルこそ、「お客様の反感を買わない値上げ」の本質を見抜いているものだと感じました。

B・J・パイン氏、J・H・ギルモア氏の著書である『経験経済』の概念はこういうものでした。単なる商品やサービスの提供を超え、お客様にとって心に残る経験を経済価値として提供し、ビジネスを行う。そんな経済モデルを生み出せ、と。

経験経済の核心は、「コモディティ→製品→サービス」という経済価値の進化の次の段階である**「お客様の心に残るような経験」**を提供することです。そうすることで、より高い経済価値が創出され、より高い価格と交換されるというのです。

コーヒーを例に考えてみましょう。

コモディティ：コーヒー豆（原材料）
製品：パッケージ化されたコーヒー
サービス：カフェでのコーヒー提供
経験：スターバックスやブルーボトルコーヒーの「サードプレイス」体験

コーヒー豆を原材料で買うと、グラム数百円ほど。これが製品になり、ドリップ式のパッケージになると2、3割の付加価値が乗ります。次にサービス化され、コーヒー店になると2倍ほどの値段がつく。しかし、そこに「心に残る体験」が加わると、さらに2倍ほどでも買ってもらえるのです。

「サードプレイス体験」とは、自宅（ファーストプレイス）でも職場（セカンドプレイス）でもない、第3の居心地の良い場所での体験を指します。それは、くつろぎと安らぎを感じられる空間、多様な人々が集まり交流できる場所、社会的立場を気にせず気軽に利用できる中立的な環境、地域コミュニティの中心的な場所という意味が込められています。

スターバックスやブルーボトルコーヒーは日本でも大変な人気ですが、単にコーヒーを売るのではなく、くつろぎの空間、バリスタとの対話、カスタマイズされた飲み物など、総合的な経験を提供しているのです。

ただし、「心に残る体験」を作ることは簡単ではない。そこで総合的な経験価値を高めるために必要な、4つの要素（4E）が本では紹介されていました。

1. Entertainment（娯楽）：
エンターテインメント性の高い手書きPOPや、クルーとの会話、季節プロモーションなどで楽しさを提供。

2. Educational（教育）：
持続可能な方法で調達されたコーヒー豆の知識や、バリスタのスキルを見て学ぶ機会。

3. Esthetic（美的）：
視覚的・感覚的に美しく作り込まれた空間デザイン。

4. Escapist（脱日常）：
日常から離れた「サードプレイス」体験。

4つの要素をヒントにしながら、「コモディティ→製品→サービス→経験」という階段を上がることで、お客様の体験価値は付加され、その価値と交換される価格も上昇していきます。

「お客様の反感を買わない値上げ」とは、「お客様の心に残る経験価値」を店舗で実現し、

「適正なお値段と価値交換」するという商売理論なのです。

消費者は購入するかどうかを数秒以内に決定する

多くのマーケターは、お客様の購買体験価値を実現する場所を、「第一の真実の瞬間（FMOT：the First Moment of Truth）」と定義しています。

「第一の真実の瞬間」とは、消費者が商品に対して初めての印象を持ち、購買決定を行う瞬間のことです。消費者が店頭で商品を見たとき、その商品を購入するかどうかを数秒以内に決定する重要な瞬間とされています。

「第一の真実の瞬間」は商品とお客様とのタッチポイントの一つであり、消費者の購買行動に大きな影響を与えるだけでなく、ブランドイメージの形成や競争力の向上にも寄与します。

この「第一の真実の瞬間」において、単なる商品やサービスの提供を超え、心地良く、便利で、記憶に残るような「経験」を提供することができれば、「より高い購買経験価値」と「お客様の反感を買わない適正価格」との価値交換が可能になるのです。

この「真実の瞬間」の提唱者が、スカンジナビア航空をV字回復させたヤン・カールソン氏でした。彼の著書『真実の瞬間：Moments of Truth』によると、スカンジナビア航空は成長を続けた後、赤字に転落していました。

そこで彼は社長に就任すると、機内を見渡し「おかしいところはないか」と探っていったのです。

彼が見たのは、旅客がそれぞれ搭乗ごとに平均5人の乗務員と一回当たり約15秒の接点を持っていたことでした。そして、その15秒の接触でスカンジナビア航空の印象が顧客の脳裏に刻まれ、この〝真実の瞬間〟の体験こそがスカンジナビア航空の成功を左右することに気がつきます。

15秒の接触の総和がブランドの印象を決定づけるものだと知った彼は、この15秒を変えることに挑むのです。

顧客に寄り添い、瞬時に個別のニーズに応えることができるサービスカルチャーへのチェンジに挑み、顧客視点のサービス改革、経営改革を実行し、2年連続赤字だった経営を見事に再建。その後、スカンジナビア航空を、世界有数の企業に押し上げることになりました。

エアラインでは、わずか15秒の顧客接点が「真実の瞬間」でしたが、消費財メーカーでは顧客とのタッチポイントのうち、店頭（あるいはオンライン）での接点こそがまさに「真実の瞬間」となります。

P&GのグローバルCEOであったアラン・ラフリー氏は、ヤン・カールソン氏の真実の瞬間から着想し、2000年に商品の購入時と利用時の「2つの真実の瞬間（第一と第二）」の重要性を提唱したのでした。

真実の瞬間は、その後さらに発展し、以下の4つに分類されるようになりました。

●「ＦＭＯＴ（第一の真実の瞬間：店舗で購入の瞬間）」
●「ＳＭＯＴ（第二の真実の瞬間：購入後の利用体験）」
●「ＺＭＯＴ（ゼロの真実の瞬間：オンライン検討など、購買前の顧客接点）」
●「ＴＭＯＴ（第三の真実の瞬間：商品利用後、経験を他人と共有する瞬間）」

最も購買に影響を与える「ＦＭＯＴ（第一の真実の瞬間）」

とりわけ「ＦＭＯＴ（第一の真実の瞬間）」は４つの「真実の瞬間」の中でも、最も購買態度・行動に影響を与えるものとしました。そしてメーカーには、この「第一の真実の瞬間」を最大限に活用するため、戦略を練り、５つを実行する意義があると強調しました。

1．購買決定の場：

消費者は商品を物理的に見て、触れて、感じ、人と情報に接して解釈し、好意を感じ、脳の判断を通じて購入決定をします。そのため、瞬間的に反応するようなインパクトの強い知覚刺激は購入決定の重要な要素となります。

また、商品が消費者の期待やニーズに合致しているかを現場、現物にて直接確認できるため、商品の便益や機能、効能を理解し、価値を実感してもらうことが重要になります。

2．ブランドの印象形成：

「FMOT」は、消費者がブランドに対して持つ印象やイメージを形成する重要な機会です。商品のパッケージデザイン、陳列プレゼンテーションなど、視覚的にブランドイメージを際立たせ、消費者の印象を形成しやすくします。

人と心を通わせたり、店へのロイヤリティが高まると、継続につながり、オンラインではできない密な関係を作ることができます。

3．競争上の優位性：

そもそも売り場はメーカーに所有権も使用権もなく、競合他社としのぎを削る限られた小売業の所有するスペースであり、メーカーにはコントロールできません。その中で店頭での商品露出量を拡大し、目立つ陳列やプレゼンテーション（POP含む）で視認性を高めたものが、マーケットの勝者になります。

商品機能・便益をコミュニケーションすることで、他の商品よりも選ばれやすくなり、競争上の優位性を確保することができます。

4．顧客体験の向上：

「FMOT」は商品の見つけやすさ、情報の明確性、購入プロセスのスムーズさなどが購入体験のお客様満足度に直接影響します。お客様が「FMOT」で心地良い体験を経験することで、リピート購入や口コミによる推奨、好意的なカスタマーレビューの可能性が高まります。

5．フィードバックと関係構築の機会：

「FMOT」は、お客様が購買体験中、もしくは購入直後、使用直後の記憶の新鮮なタイミングで、お客様から店舗従業員へ直接フィードバックをもらう貴重な機会を提供してくれます。

商品改良・サービスのより良い対応に役立つとともに、対話を通じてお客様との関係構築の機会を得られます。

このように「FMOT（第一の真実の瞬間）」は、極めて重要なマーケティング上のタッチポイントになるのです。

マクドナルドのサービスは、なぜ強いのか

「FMOT（第一の真実の瞬間）」で「お客様の心に残るような経験」を提供することで、より高い経済価値が創出され、お客様と価値交換される。実はマクドナルドが大切にしているのも、この「FMOT（第一の真実の瞬間）」に他なりません。

マクドナルドが重要視する「FMOT（第一の真実の瞬間）」（イートインのお客様は「第二の真実の瞬間」も体験）でのお客様の店舗体験価値は「QSC&V」と呼ばれています。これはお客様の店舗体験価値という意義だけでなく、その上位概念として創業時からマクドナルドの不変の企業理念としても位置付けられています。

「QSC&V」とは、Q（クオリティ）、S（サービス）、C（クレンリネス）、V（バリュー）の4つの要素で、それぞれの定義と基準があります。

Q（クオリティ）

おいしさ、食の安全・安心、商品の温度、外見の美しさ、ボリューム、原材料の品質を意味します。お客様に提供するハンバーガーやドリンク、デザートなどの食の品質、安全・安心だけではなく、おいしさ、触感、温度、ボリューム、外見の美しさなども含まれています。

マクドナルドには専門家の科学的な知見を取り入れた食品安全・品質保証に関する厳格な

グローバル基準と管理システムがあり、すべての原材料サプライヤーはこの基準をクリアしない限りマクドナルドと取引することができません。それほど品質にはこだわりを持っています。

S（サービス）

マクドナルドがサービスで大事にしているのは3つ。速さ、注文通りの正確さ、スマイルとホスピタリティです。店舗の従業員であるクルーやマネージャーが、心からのおもてなし、丁寧でスマイルあふれる接客、クイックサービスレストランとしてスピーディーで正確なサービスを行うことを目指しています。

高品質でおいしいハンバーガーができ上がっても、それを提供するプロセスであるホスピタリティ、スピード、正確さがお客様に満足いただけるものでなければ、せっかくのおいしいハンバーガーの製品価値がお客様に伝わらないという考え方です。

C（クレンリネス）

店舗の清潔さ、従業員のアピアランスを意味します。店舗入り口、客席、カウンター、通路、トイレ、厨房、駐車場など、お客様の目の届かない場所も含め、店舗のいたるところで衛生管理を徹底的に行うことを目指しています。

そしてお客様と接する従業員の清潔感を保つこともクレンリネスの重要な要素で、クルーの身だしなみや髪型、手や指などが清潔でないと感じた瞬間、食品に対する安全・安心感も損なわれます。

品質やサービスへの評価も下がり、せっかくの楽しい外食のひとときも台無しになります。お客様の気分の低下とともに、再来店意向も低下してしまうため細心の注意を払い続けなければなりません。

清潔さはマクドナルドブランドの印象を形成する重要な要素の一つであり、顧客満足度にも直結する要因となっています。

店舗では"Clean As You Go"という言葉があり、作業中に汚れや散らかりに気づいたら、その場で即座に清掃するというオペレーションが実践されています。常に清潔で衛生的な店舗環境を維持し、顧客に安心して利用してもらえる空間を提供することを目指しているのです。

V(バリュー)

ハンバーガーのおいしさ、店内の心地良い空間、便利で快適なサービスであるとお客様が感じる総合的な体験価値と、その体験価値に見合ったお手頃価格のことです。

お客様が感じる店舗体験価値に見合った適切な価格設定がなされれば、お客様からは満足感、お買い得感、納得感を感じてもらえます。再度の来店確率や、友人・家族へマクドナルドを推奨する意欲も確実に向上します。

逆に、支払った価格に、サービスの体験価値が見合わなければ、お客様の足は遠のいてしまうのです。

マクドナルドでは、この店舗体験価値を向上すべく、さまざまな取り組みを行っています。例えば、お客様の満足度のモニタリング。店舗の現場や、店舗を支援する現場と本社のオペレーションチームは毎日、毎週、毎月QSCの業績指標（KPI）をチェックしています。お客様からの声を店舗で直接聞き、お客様サービス室、「KODO」と呼ばれるアプリからフィードバックをもらい、リアルタイムの改善策を講じています。

トレーニングに関しては、クルーと呼ばれるアルバイト全員に丁寧なオリエンテーションが行われています。トレーニングやフィードバック、認証などを「ハンバーガー大学」という教育機関が開発したトレーニングシステムとマニュアルに沿って、日々行っています。

また、マクドナルドには1977年から毎年開催している「AJCC（オールジャパン・クルーコンテスト）」があります。全国約20万人のクルーを対象とし、彼らのオペレーション技術、サービス&ホスピタリティ、モチベーションの向上を目的とした技能コンテストがあり、毎年QSC&Vの高みを目指し続けています。

QSCの概念はマクドナルドの創業者であるレイ・クロック氏が提唱し、彼の右腕として活躍したフレッド・ターナー氏（2代目の社長）が浸透させました。

どの店舗でも一貫して、お客様が満足する店舗体験を提供するため、店舗オペレーションの作業工程を分析し、体系的にデザインし、全工程を言語化し、オペレーションマニュアルを作り上げたことにより、実践が始まりました。

その後、このQSCが社内とフランチャイズオーナー、店舗従業員に浸透するにしたがい、元来の顧客サービスとオペレーション基準という範囲を超え、お客様の店舗体験価値であるV（バリュー）が加わり、より重要な上位概念に昇華。マクドナルドの企業理念となりました。

マクドナルドやスカンジナビア航空にとって「第一の真実の瞬間」は、体験価値の高いサービスを提供する場であるだけでなく、重要なブランドエクイティを高める場所でもあるとも言えます。

「ショッパー・マーケティング」という手法

「第一の真実の瞬間：FMOT」での競争は、売り場やオンライン（スマホとPC画面）の限られたスペースでのブランドの露出と、お客様の購買体験価値を訴求するゲームのようなものと言えるかもしれません。

その意味で、スマートな戦略がなくては、いくらブランド知名度があっても競争優位性を発揮することができないのです。そこで紹介したいのが、何度も登場している「ショッパー・マーケティング」という手法です。

「ショッパー・マーケティング」とは、購買者（ショッパー）の行動と心理を深く理解し、それに基づいて戦略的にマーケティング活動を展開する手法です。

米国食品製造業協会（GMA）によると、こう定義されています。

「ショッパーの行動の深い理解に基づき開発され、ブランドエクイティを構築し、ショッパーを引き付け、購買決定に導くために計画されたすべてのマーケティング指針からなる活動である」

キーワードは、ブランドエクイティです。単に売ることだけではいけない、ということです。ブランドが持つ無形の資産価値（消費者のブランドに対する認知、感情、便益、選好度、忠誠心など）の総体、ブランドの持つ資産を上げながら売っていかないといけないということなのです。

P&Gにおける「ショッパー・マーケティング」は、先に紹介したP&GのグローバルCEOだったアラン・ラフリー氏が〝FMOT：the First Moment of Truth〟という消費者とのタッチポイントのコンセプトを導入し、「ショッパーが店頭で製品に接した瞬間の重要性」を強調し始めたことに端を発しました。

実は、ほぼ時を同じくしてコカ・コーラも、「ＳＢＬ（ショッパー・ビヘイビアー・ランドスケープ）」というショッパー理解のツールを活用し、またユニリーバも「トリップ・マネジメント」という調査用フレームワークを開発しています。グローバルの消費財メーカーは、早くから「ショッパー・マーケティング」に取り組んできたという背景があるのです。

「カスタマー・マーケティング」がバイヤーを対象にしているのに対し、「ショッパー・マーケティング」はショッパー（購買者）が対象者となります。ショッパーの理解に基づき、仮説を立て、打ち手を講じ、購買態度・行動変容を促します。

その打ち手は「ブランドエクイティを構築し、ショッパーを引き付け、購買決定に導く」ことです。どういった価値の取り組みをすると、お客様の購買というボタンにスイッチが入るのか。その仕掛けを行うのです。

手段としては、カテゴリーのマネジメント方針の策定、一貫した売り場のレイアウトとデザイン、売り場における五感に対する知覚刺激、コミュニケーションによる理性的な判断、情緒的なつながりを作る、などがあります。

「ショッパー・マーケティング」を成功させるには、まず、お客様のニーズや動機を理解し、それに基づいて効果的な戦略を展開することが不可欠です。

それにより、ターゲットユーザー・ショッパーの価値観、態度、行動（５Ｗ／５Ｈ）を理解し、お客様の購買体験における重要なポイントやバリアを把握し、それに対応した戦略を構築することが可能となります。

また、「ショッパー・マーケティング」は小売パートナーとの「JBP（協働ビジネス・プラン）」を通じて共通の目標を設定し、一貫性のある戦術を展開することで、より効果的に成果を上げることができます。

ショッパーとユーザーは何が違うのか

消費財メーカーの多くは、さまざまな消費者リサーチを行い、ユーザーとしてのお客様の理解を深め、それらに基づいて製品開発を行う研究開発拠点を持っています。

P&Gは製品の研究開発（R&D）拠点に加えて、お客様の購買態度・行動と店舗でのマーケティング施策の有効性を研究する「FMOT」のイノベーションセンター、ショッパー向けの研究開発センターを2000年頃に米国本社のあるシンシナティに設置し、その数年後に東京オフィスにも構えました。

このイノベーションセンターは、ショッパーとしてのお客様のニーズと心理を探るべく、「ショッパーリサーチ」やPOS分析を行い、自社ブランドと得意先のショッパーの理解を深めています。

また、カテゴリー別のショッパー体験をリアルとバーチャル（日本はバーチャル中心）の

ショッパーとユーザーの違い

	ショッパー	ユーザー
定義	商品を購入する人	商品を使用する人
目的	自分または他人のために購入	自分のために使用
関心毎	サービス品質、価格、時間、販売場所、簡便性等	商品の品質、使いやすさ、満足度等
マーケティングの重要ポイント	購入促進のための施策が重要	使用体験の向上が重要

両方で再現し、その価値観、行動、購買を最終的に誘引するものは何なのか、研究できるような広大な設備を整えています。

事前に得意先のショッパーやPOSデータを分析した上で、バイヤーをイノベーションセンターに招待し、現状の**4P：プロダクト（NB、PB、留型商品）、プライス（価格）、プレースメント（棚割り・売り場スペース）、プロモーション（販促・コミュニケーション）**の改善機会を発見していきます。

得意先に合った棚や売り場の提案、お客様へのコミュニケーションなど、新しい4Pの仮説に対して、ショッパーのインパクトを検討することを目的に活用されています。まさにサービスのR&D、しかも個別の得意先ごとに検討できる拠点になっているのです。

どうしてこんな取り組みをするのかというと、ショッパーのニーズや心理は簡単には読み込めるものではないからです。例えば、ショッパーとユーザーは実は異なります。お客様（消費者）はショッパーとユーザーに分かれるのです。

その違いを前頁の表にしましたが、ショッパーとは、商品を購入する人を指します。必ずしもその商品を使用するわけではなく、他の人のために購入することもあります。例えば、家庭の主婦が家族のために食材を買う場合、その主婦はショッパーです。

一方、ユーザーは商品を実際に使用する人です。ショッパーと同一人物である場合もあれば、異なる場合もあります。例えば、子供が食べるお菓子を母親が購入する場合、母親はショッパーであり、ユーザーは子供です。

「ショッパー・マーケティング」はマーケティングの対象をユーザーではなく購買者（ショッパー）に設定していることが大きな特徴です。カテゴリーや商品によっては、実際に商品を購買する人とその商品を使用する人が大きく異なる場合があるのです。

特にスーパーマーケットやドラッグストアなどの場合は、ショッパーが「子供のために」「家族みんなで」という理由で購入し、ショッパーとユーザーが同じにならないことが多くなります。

近年では多くの商品カテゴリーでパーソナルユース化（例：シャンプーは家族一人ひとり

異なる）が進んできており、そのこともユーザーとショッパーが異なるケースを増加させる一因になってきています。

つまり、店内のPOPやデモンストレーションなどで消費者便益に関する直接的な訴求を行うだけでなく、「子供や家族に飲ませてあげたい」といったショッパーの心に響く知覚刺激やコミュニケーションをすることも有効な打ち手になるのです。

印象的な事例に「お父さんの歯ブラシ」があります。ホームセンター「ジョイフル本田」には、業界では有名なバイヤーがおられました。彼と最近会食をした際、ショッパーとユーザーの違いについての興味深い話を聞きました。

ある日、バイヤーがお客様の行動を理解しようと歯ブラシ売り場で1時間以上、お客様の購買行動をじっと観察していたのだそうです。

すると、30、40代の女性が清掃効率や使用感の良い中・高価格の歯ブラシと子供用の歯ブラシを買った後、なぜか低価格帯の歯ブラシも買っていくというパターンが意外と多いことに気づきました。

そこでお客様にインタビューしたところ、中・高価格帯の歯ブラシは自分用で、当然ながら子供用歯ブラシは子供用、では低価格帯の歯ブラシは何かというとお父さん（夫）用、という返答だったのだそうです。

ユーザーとしてお父さんのお気に入りがそのブランドであった可能性は否定できませんが、

もしもそのご家族のショッパーがお父さんであった場合、どのようなブランドが購入されていたかを想像したくなるエピソードでした。

購入動機！これがわかればしめたもの

ショッパーへの理解を深めるための4つのリソース

「ショッパー・マーケティング」を効果的に推進するには、まずショッパーの理解を深めることが求められます。

ターゲットとなるショッパーのセグメントを特定し、ユーザー・ショッパーニーズを理解し、購買動機や店舗での買い物行動パターンを把握する。

そうすることで、ターゲットショッパーのニーズに合った4P：プロダクト（NB、PB、留型商品）、プライス（価格）、プレースメント（棚割り・売り場スペース）、プロモーション（販促・コミュニケーション）の打ち手の実行につなげることができます。

次頁の表に掲げましたが、これらを可能にするリソースとして、「消費者パネル調査」「小売店パネルデータ」「店頭調査データ」「マーケティング・リサーチ・データ」を紹介します。

●消費者パネル調査

同じ調査対象者（消費者）にバーコードスキャナーを貸与し、全国のモニターから購入した商品を記録し続けてもらう調査です。長期間にわたり収集された購買履歴データで、商品についての情報（JANコード、購入場所、購入金額、購入日時など）がデータベース化されていきます。

「いつ」「どこで」「だれが」「何を」「いくらで」「いくつ」買ったのかといったデータを収集・分析することで、消費者の購買行動を詳細に捉え、消費者ニーズ分析やセグメンテーション、施策実施などの評価・仮説立てに活用することができます。

また、消費者パネルと同じ調査対象者から、テレビやWebなどのメディア接触記録を収集することで、メディア接触と購買の関係性を明らかにすることも可能となっています。

●小売店パネルデータ

同じ調査対象店舗から、POSデータ（商品の販売データ）を収集し続ける調査。「いつ」

購買動機と打ち手

購買動機(顧客視点)	打ち手(マーケター視点)
目に留まる	商品を目立たせる:ブランドブロッキング、大量陳列、パッケージデザイン
品質が良い(品質、鮮度、機能)	商品とパッケージの品質、鮮度、パッケージで機能を説明
お買い得	EDLP、月間特売、チラシ特売、ポイント還元
商品を探しやすい	動線とスペース管理;売り場レイアウト、ブランドブロッキング、店内のサイネージ、不要なPOPを排除
メリットがわかる	ユニークな機能・用途がわかるパッケージ、美容と健康等のメリットのわかるPOP・SNSコミュニケーション、お客様のレビュー
新しさに興味を感じる	新商品、用途のアイデア(レシピ)、アップセル、クロスセル
便利で簡単	迅速なレジの開け閉め、宅配、セルフレジ、キャッシュレス、駐車のしやすさ
清潔で心地良い	快適でクレンリネスの行き届いた環境、BGMやアナウンスの音量を適切に調整し、静かな心地良い環境を保つ
心地良いおもてなし	ホスピタリティの提供(1オン1接客)
悩みを聞いてくれる	カウンセリングと推奨
試して安心する	サンプル提供、試食・試着
環境保護、社会貢献できる	サステナブルな商品の品揃えと社会・環境インパクトのコミュニケーション
楽しい	体験の楽しさと興奮を提供:実演販売、POP UPストア

「どこで」「どのような店舗（業態）で」「何が」「いくらで」販売されたのかといったデータを収集・分析することで、店頭での販売実態を捉えられ、市場規模やシェア動向の監査、店頭プロモーションの施策立案などに活用することができます。

小売店パネルデータの情報サービスを、サブスクリプションで提供する会社のデータは、メーカーが使いやすいようクレンジングされています。分析テンプレートも豊富にあり、資料作成用のデータのエクスポート機能も充実しています。

一方で小売業から直接買う（または提供される）ＰＯＳデータは情報サービス会社のものに比べると使い勝手が悪く、特にお客様の属性が紐づいているＩＤ－ＰＯＳ（ポイントカードなどとの組み合わせ）の場合は、データ量が巨大で分析作業が複雑になります。データ分析の専門的スキルを持つ、データサイエンティストを採用・育成し、仮説設定、検証を行うことが効果的です。

●店頭調査データ

机上のアンケート調査では把握できないリアルな現場の状況を、調査員により確認する手法。価格、販促陳列（アウト展開）、棚割りなどの商品プレゼンスのデータや、実際のショッパーの購買行動パターンを把握します。

この調査により本部のバイヤーとの商談で合意された企画（アウト展開、棚割り、価格、陳列ボリュームなど）の店頭展開状況や他社の展開状況も把握できます。本部商談とフォローアップアクションの改善につなげることができます。

●マーケティング・リサーチ・データ

課題発見のための仮説が検証された後、打ち手を策定し、その有効性を担保するために、マーケティングリサーチを行うのは効果的なアプローチです。

また打ち手がうまく機能せず、その課題発見、原因の特定、打ち手（４Ｐ）の調整が求められる場合、必要に応じてマーケティングリサーチを行います。

アンケート調査でショッパーが回答した内容と、店舗でのお客様の実際の行動にはズレがあることもあります。アンケートによるマーケティングリサーチとリアル店頭での調査を組み合わせ、有効な解決策を再確認し、売り場作りの参考にすることも重要です。

それぞれのデータカテゴリーは、それぞれ異なる視点からショッパー態度・行動を分析することができます。これらを組み合わせ、総合的なインサイトを得ていくことが重要となります。

特に、小売との協働で行う「ショッパー・マーケティング」において、ＩＤ－ＰＯＳのビッグデータとマーケティング・リサーチ・データを組み合わせることができれば、ショッパーのインサイトと仮説を組み合わせた提案が可能となります。間違いなく、メーカーの競争優位性を高めることができる提案です。

データの森で迷子にならないためのヒント

近年、ビジネスパーソンが接触するデータは、ますます膨大になってきています。なにげなく市場・消費者データを分析していると、目の前にある膨大なデータの森で「迷子になってしまう」ことが実は少なくありません。

「このデータにはどんな意味があり、ユーザー・ショッパーのニーズや行動とどう結びついているかよくわからない」

「ターゲット・セグメントが大まかで曖昧、購買行動に変化を与える打ち手が見つからない」

「打ち手がこれで正しいか自信がない」

など、さまざまな壁にぶち当たり、なかなか悩みは尽きないようです。

こうした場合の解決策の一つは、悩みの原因にもよりますが、教科書的には、まず何のためにリサーチをしているか、という目的を明確にすることです。その上で

「課題を明確にする→課題の仮説を立てる（定性・定量）→仮説を検証する（定量）→打ち手の案を作る（定性）→打ち手の有効性を検証する（定量・店頭テスト）→アクション立案

（修正）する」


というプロセスをしっかりコントロールすること。プロセスを確実に踏んでいくことです。

また、データを分析するだけではなかなか仮説が見つからない場合、普段からお客様と接することの多い店舗従業員や、近くにいるヘビーユーザーの社員、友人との会話の中からヒントを得て、改めて仮説を立てて検証するというのが、意外と実践的な解決策になることがあります。

お客様の本当の心をつかむことは簡単なことではありません。日本マクドナルドで、痛感したエピソードがあります。外食のお客様に対するサービスの重要な指標としては、先にＱＳＣ、クオリティ、サービス、クレンリネスというものがあると書きました。

特にファストフードにおいては、２番目のサービスの中の利便性がお客様に重要な体験価値を提供しています。

私が営業本部長を務めていた２０１３年、日本マクドナルドはそのサービスのスピード改善の取り組みとして「enjoy 60秒サービス！」キャンペーンを実施しました。お会計が終了してから商品の受け渡しまでに60秒以上かかってしまったら、お客様にハンバーガーなどの無料券を提供するというキャンペーンです。

店舗のサービススピードの改善を目的として、以前から店舗単位で実施されていた活動でもあり、全国展開前のテストやアンケート調査でも、お客様からポジティブな反応を得られていました。

ところが、このキャンペーンをいざ実施してみると、企画者の意図に反して、お客様に不快な思いをさせてしまうことになってしまったのです。

テストやアンケート調査では把握できない店舗状況のバラツキ（人手不足、調理器具の製造能力など）や予期せぬ状況もあり、お客様からネガティブな声が上がりました。

「従業員がかわいそう」「現場で働く人のことを考えていない」「注文時にもプレッシャーがかかる」という多くのコメントがＳＮＳに投稿され、コールセンターにもクレームが寄せられました。

お客様の深層心理までを慎重に熟慮し、全国プランを策定できなかったことが現場に負担をかけ、お客様にも大きなご迷惑をおかけすることになってしまいました。

この案件は、本社の施策がお客様に与える心理的インパクトは、テストやアンケート調査だけで簡単に把握できるものではないという貴重な教訓を与えてくれたのでした。

お客様の心が動く露出と刺激

ショッパーの購買プロセスを段階的に理解する

マーケティングでは、消費者が商品やサービスを認知してから購入に至るまでの基本的な購買プロセス（認知→興味・関心→比較・検討→購入）を段階的に計画・管理します。このプロセスの構造が漏斗（ファネル）のような形をしていることから「マーケティング・ファネル」という名称がついています。

「ショッパー・マーケティング」でも、このファネルのフレームワークを適用し、施策の立案と実行を管理することができます。

マーケティング・ファネルの目的は、顧客の購買プロセスを可視化すること、各段階での顧客数の変化や行動の傾向を把握すること、そして適切な施策を打つための指標とすることです。

マーケティング・ファネルのフレームワークとして代表的な、ＡＩＤＡ（Attention: 認知、

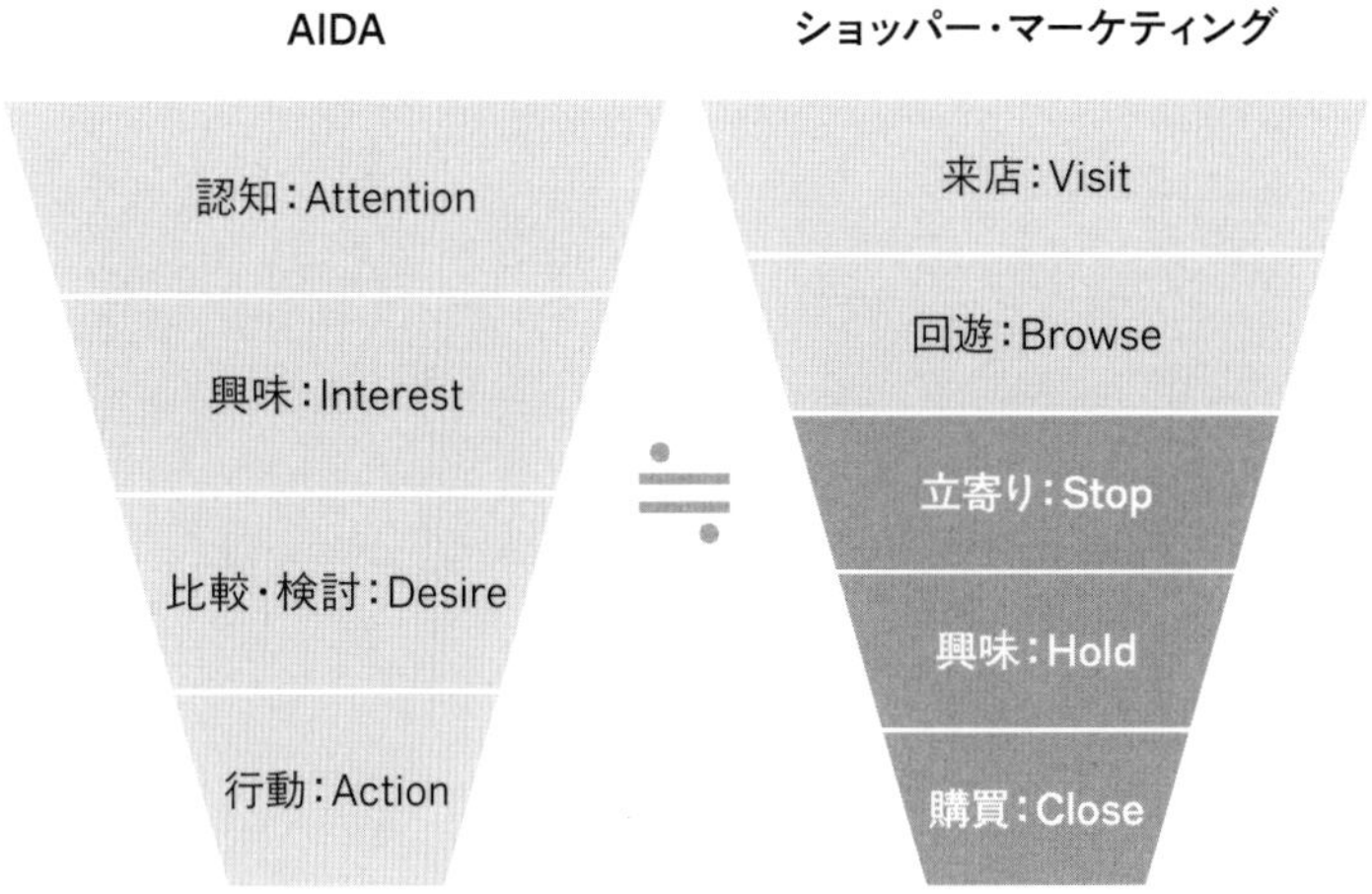

マーケティング・ファネル

Interest: 興味、Desire: 比較・検討、Action: 行動）を引用してこのツールを「ショッパー・マーケティング」に転用すると、上の図のような構造で表現できます。

「ショッパー・マーケティング」は、購買者（ショッパー）の態度・行動変容に焦点を当て、店頭での購買決定を促進することを目的としていますが、マーケティング・ファネルを応用することで、ショッパーの購買プロセスを段階的に理解し、各段階での適切な施策を考案することが可能になります。

「来店（Visit）」「回遊（Browse）」「立寄り（Stop）」「興味（Hold）」「購買（Close）」です。

サプライヤーであるメーカーが「ショッパー・マーケティング」を行う主な段階は、

特にこの図の中の3階層、「立寄り（Stop）」「興味（Hold）」「購買（Close）」が中心となります。ショッパーの購買行動を科学的に分析し、どの段階でどのようなアプローチが効果的かを理解し、ファネルの各プロセスに応じた施策を検討します。

立寄り（Stop）： 店頭・売り場でのディスプレイやプロモーションを工夫し、ショッパーの**注意**を引く。

興味（Hold）： 商品の特徴や利点、利用方法を明確に伝え、ショッパーに**興味**を持ってもらう。

購買（Close）： 購入を促すための刺激や動機を提供する。

また、小売業主体で行う「ショッパー・マーケティング」には、この「立寄り（Stop）」「興味（Hold）」「購買（Close）」の前に2つ上位段階（来店、回遊）があります。

メーカーが小売業との「JBP（協働ビジネス・プラン）」の一環として「ショッパー・マーケティング」を行う際には、その打ち手が「来店（Visit）」と「回遊（Browse）」にも中立またはポジティブな影響を与えられるか（少なくともネガティブな影響がない）という点にも配慮する必要があります。

来店（Visit）： 立地、看板、チラシ、電子クーポン、メール等でお客様の**来店頻度**を向上させる。

回遊（Browse）： 売り場のスペース、レイアウト、催事、サイネージ、店内放送等でお客様の**動線を延長**する。

売上を因数分解すると下記のように分解できます。これらの因子をどのように整理し、ターゲットのお客様の価値観・態度・行動に合わせて打ち手を講じ、立寄り、興味、購買を促進するかが「ショッパー・マーケティング」の醍醐味でもあります。

売上＝客単価　×　客数
客単価＝①お買い上げ点数　×　②単品価格
①お買い上げ点数≒動線の長さ　×　売り場への立ち寄り率　×　買い上げ率
②単品価格　≒（環境依存）お客様が感じる購買体験価値

最後のお客様が感じる購買体験価値は、再来店率の向上にも相関関係があるため、客数の持続可能な向上にも寄与することになります。

店内で過ごす時間の約80%が単なる移動に使われている

お客様は店内で、POP、店内放送など、大量の情報にさらされますが、人間の情報処理能力には限界があります。また、お客様が店内で過ごす時間の約80%が単なる移動に使われているという調査結果があります。

この限られた時間と人間の認知能力で情報を処理するため、お客様にとって重要な情報を選別して提供する必要があります。

「ショッパー・マーケティング」では、店内での情報選別が重要で、店舗動線、棚割り、POPなどの仕掛けを通して、ショッパーの購買行動を誘導します。

これらの情報管理は、ショッパーの注意を特定の商品やサービスに向け、購買意欲を喚起し、非計画購買（もともと買う予定がなかったものを買ってもらう）を促し、売上を達成することを目指します。

ちなみにお客様の非計画購買はカテゴリーレベルで約50%、ブランドレベルはカテゴリーのパーソナルユースの度合いによって大きく異なりますが、平均で約70〜80%もあります。

「ショッパー・マーケティング」はこの非計画購買のお客様に商品を知覚し、興味を抱いてもらい、購買につなげるというコンバージョンを競う活動といっても過言ではありません。

非計画購買のお客様の購買動機は、視覚的、嗅覚的、聴覚的に反応する**「直感的で無意識**

な情報処理」の結果として生まれるものと、便益や機能、効能を理解する「客観的な解釈に基づく情報処理を得て発生するもの」、感情的な「人と人との情緒的つながりによって育まれるもの」があり、「ショッパー・マーケティング」の打ち手もそれらに影響を与えるものが存在します。

顧客視点の購買動機とマーケター視点の打ち手として、例を挙げると次のようなものが考えられます。

- 目に留まる→目立つ場所に人気商品や特集商品等を陳列する。特に入り口付近や目立つ場所が効果的。商品を魅力的にディスプレイし、顧客の目を引く。
- 品質が良い→商品とパッケージの品質と鮮度とアピアランスの管理。
- お買い得→EDLP（Every Day Low Price）、月間特売、チラシ特売、ポイント還元、商品の価格を明確にし、特典やセール情報をわかりやすく表示する。
- 商品を探しやすい→商品カテゴリーごとにエリアを設け、カテゴリーごとにサインやラベルを設置。顧客が効率的に売り場を探せるようにし、店内動線を最適化。機能・用途別にサブカテゴリーを構成し、ブランドブロッキングにより、視線のナビゲーションを最適化する。
- ブランドごとに商品をグループ化し、ブランドの特徴を強調する。例えば、特定のブランドの商品を一つのエリアにまとめて展示。商品は整然と並べ、乱雑さを避け、店内のサイネージ、ＰＯＰは不要なものを排除し、ＢＧＭやアナウンスの音量を適切に調整する。

●メリットがわかる↓商品のユニークな機能がわかるパッケージデザイン。美容と健康等のメリットのわかるＰＯＰやＳＮＳのコミュニケーション。

●新しさに興味を感じる↓新商品・アイデアの提案：知的好奇心を満たし、新しいものの発見による快楽を生み出す。

●便利で簡単↓レジで顧客が便利に買い足しや、衝動買いをできるようにする。デリバリー、セルフレジ、キャッシュレスでお客様のタイムパフォーマンスを向上する。

●清潔で心地良い↓快適でクレンリネスの行き届いた環境。冷暖房は最適化され、店内はもちろんのこと、トイレや駐車場、植栽も清潔に保つ。

●心地良いおもてなし↓スタッフのトレーニングを施し、親切で丁寧な笑顔あふれる接客を心掛ける。

●悩みを聞いてくれる↓カウンセリングとアドバイス。機能・性能、消費者便益を解釈し、人と売場に親和性（アフィニティ）と情緒的つながりを感じてもらい、ロイヤリティ向上につなげる。

●心理的障壁が取り除かれる↓特に試用が重要な商品にはテスターを設置したり、サンプルを提供。肌に合うかどうかなどを試してもらう。また、試着コーナーを作る。定期的に新商品やアイデアを集めたコーナーを設け、顧客の興味を引く。お客様のレビューを参考にできるようにする。

●環境に良い、社会貢献につながる→サステナブルな生産・加工と調達が認識されるコミュニケーション。

●楽しい→商品の使い方や効果を実際にデモンストレーションすることで、顧客に直感的にコミュニケーション。ゲームやクイズ、プレゼントなどインタラクティブな要素を取り入れて、買い物体験に楽しさと興奮を提供する。

自社ブランドに重要な第一の真実の瞬間の打ち手とは

日本ではまだまだ注目されていませんが、将来的な購売動機としてサステナブルな価値訴求は有効になってくると思われます。

米国のコンサルティング会社、ＰＷＣによる２０２２年の調査によると、サステナブルな商品を今後も継続購入したいという意欲のある消費者は、米国では57％、英国では65％でした。それに対して日本の消費者は、わずか24％で、エシカル消費に対する機運にグローバルとの大きなギャップがあります。

価格がその最大原因と報告されていますが、電通による２０２２年の調査によると、消費者がエシカル消費を実施する条件は、「自分・環境・社会に対するメリットがわかったら」という回答が38％、「環境問題や社会問題に貢献することがきちんと理解できれば」という回答が29％という結果になっています。

サプライヤーと小売業は「サステナビリティ市場の成長をただ待つ」のではなく、積極的な情報開示により、「サステナビリティを付加価値として認識される市場を創る」という態度変容が必要ではないかと思います。

こうした購買動機（顧客視点）の重要度と満足度、さらにはそのギャップをさらに深く分析することで、「マーケター視点」のより打率の高い打ち手とその優先順位が発見でき、販売促進につなげることができると考えています。

このマーケター視点の「自社ブランドにとって重要な「FMOT（第一の真実の瞬間）」の打ち手」を、本書では**「KSD（キー・ショッピング・ドライバー）」**と名付けました。「KSD」の狙いは3つあります。

大量ディスプレイや、催事、ブランドブロッキングなどでショッパーに視聴覚的な刺激を提供し、売り場に足を止めてもらう（**STOP**）、ブランドや商品の存在をショッパーに知らせることで興味を引き出し、価格・機能・用途などの情報でショッパーの商品に対する関心を高める（**HOLD**）、サンプリングや販売スタッフによる商品機能・利便性の説明やレコメンデーションなどで、実際の購買行動に結びつけていく（**CLOSE**）です。

「KSD」の中にはこの購買動機の3つに照らし合わせ、五感に知覚的な刺激を与えることによって直感で意思決定する態度・行動に影響力を与えるもの、商品やサービスの価値、すなわち性能・機能便益等を頭で解釈し態度・行動に影響力を与えるもの、店舗スタッフとのコミュニケーションやカウンセリングによって人との情緒的なつながりと好意を感じることにより態度・行動に影響を与えるものなど、多様な影響力を持つドライバーが混在しています。

中国で化粧品事業を飛躍的に伸ばしたKSD

KSDの一例として、私が中国で行った化粧品事業における取り組みをご紹介したいと思います。

私は2003年、中国広東省にあるP&G中華圏の本社に化粧品カテゴリーの営業とトレード・マーケティング（営業企画）の責任者として赴任しました。

折しも、多数の感染者を出したSARSウイルスが終息に向かうゴールデンウィーク頃のことです。

中国は2001年にWTOに加盟したばかりで、経済は急激に発展。化粧品を含む消費財の全カテゴリーがその恩恵を被っていました。

当時、日本で成功を収めた「顧客起点の制度化粧品の営業手法」を中国の営業スタッフと美容部員に教え、成長力をさらに強化することが私のミッションでした。

最初の3か月間は積極的に化粧品売り場に足を運び、得意先の幹部や現場従業員、美容部員からヒアリングを行ったり、美容部員とお客様の会話を観察していました。中国での化粧品ビジネスの現状とのギャップを理解し、成長のための課題や機会の発見に取り掛かったのです。

そして、日本の「マックスファクター」の化粧品事業をV字回復させた売り場での成功要素を整理し、中国のスタッフにもわかりやすく説明できるフレームワークを作成していきました。

それは当時、中国の主力ブランドだった「オイル・オブ・オレイ」と「SK－II」の店頭でのビジビリティ（視認性）、店頭における知覚的なブランドエクイティ、美容部員のお客様への傾聴姿勢とカウンセリングスキルなどでした。

まずは、お客様への購買態度・行動（Stop, Hold, Close）に影響を与える5つの要因を仮説の打ち手として設定。台湾の市場調査部門が行った購買ドライバー調査により、その有効性を検証し、**「ベクター」VECTR**（Visibility：視認性、Equity：ブランドの顧客価値、Counseling：カウンセリング、Trial：試用、Retail-entertainment：小売エンターテインメント）と呼ばれるスキームを体系化しました。

この「ベクター」を打ち手として現場で展開するとともに、美容部員のサービスカルチャー改革とカウンセリングスキルのトレーニングを強化。新しく開発した「オレイ」ブランドのカウンターや「ＳＫ－Ⅱ」カウンターを百貨店売場の通行量の多い目立つ場所に設置。売上を急拡大（２年間で倍増）させるとともに、美容部員の満足度、また顧客満足度も飛躍的に向上させることに成功しました。

その効果が認められ、「ベクター」はその後、全世界のＰ＆Ｇプレステージ・ビューティケアの「ＦＭＯＴ（第一の真実の瞬間）」のＫＳＤ（キー・ショッピング・ドライバー）として採用されました。

その後、Ｐ＆Ｇジャパンの主要カテゴリーで「ショッパー・マーケティング」の打ち手（成果報酬型プロモーション）として水平展開されることになります。

視覚情報が脳に到達し、解釈されるまで7秒かかる

「ビジビリティ（視認性）」については、日本マクドナルドで改めて知った興味深いエピソードがあります。

マクドナルドの店舗前には、一日平均数千人が通り、数千台の車が通行しています。そこでは、「リードサイン」と呼ばれる屋外看板の有無や視認性が、お客様の来店数にポジティブな影響を与えることがわかっています。

私が営業本部長時代、屋外看板を飛躍的に増やすプロジェクトを企画したことがありまし

た。設置基準に関して米国本社からざっくりとしたノウハウを教えてもらい、直営を中心に屋外看板を倍増する作戦を展開したのです。

実はマクドナルドには、お子様用のハッピーセットを買い求めるファミリー層のような目的来店のお客様以上に、むしろ非計画来店のお客様が少なくありません。その割合は過半数を占めています。

そこでリードサインの設置数を大きく拡大してみたのですが、大きな手ごたえがありました。

分析してみると、移動中と信号で止まった際の視認性、店舗からの距離、場所、大きさといった組み合わせにより、看板が売上を大きく左右することがわかったのです。その後、新店舗をオープンする際のノウハウが蓄積され、売上に多大な貢献をしてくれることになりました。

こうした「ビジビリティ」の有効性は、それをサポートする研究があります。行っているのは、カリフォルニア大学バークレー校の心理学、神経科学、視覚科学の教授であるデービット・ホイットニー氏と、スコットランドのアバディーン大学の心理学助教授で、カリフォルニア大学バークレー校のホイットニー研究室の元フェローであるマウロ・マナッシ氏が行った「知覚連続依存」に関する研究は、視覚的知覚の連続性がどのように人間の認識に影響を及ぼすかを探求しています。

彼らが研究しているのは、目的物たるオブジェクトが視界に現れるとき、人間の脳は「過去の知覚経験に基づいてそれを解釈し、連続的な視覚的世界の印象を形成する」という理論です。

これは**「連続性の錯覚」**とも呼ばれ、変化する視覚情報の中で、視覚情報を統合して知覚する脳の試みです。

その内容は「**脳が見ているものの大半は直前の過去15秒間の集大成**である」というものです。脳はリアルタイムの視覚情報をそのまま処理しているのではなく、過去15秒間の膨大な情報を平均化して処理することで、視覚の安定性を保っているのです。

また、彼らの研究は視覚情報が脳に到達し、それが過去の経験や欲求と照らし合わせて**解釈されるまでに約7秒**かかることも示唆しています。お客様が目から得た情報を視覚的感覚記憶（アイコニックメモリ）として記憶しておける時間は数秒程度という調査結果もあります。

これらの理論を正とするならば、小売業やレストランの看板のベストな設置場所がイメージできます。

お客様の移動手段（徒歩、自転車、自動車）によって、今いる場所から店舗までに掛かる移動時間が異なりますが、来店客の最もメジャーな移動手段で店舗到着までにかかる時間が、看板の知覚統合時間である15秒前後の範囲内になっていればいいのです。

または、移動中に**7秒以上視認できる場所**（例えば、ドライブスルー店舗では敷地内のポール看板、駅前店舗では改札出口近くなど）に誘導看板を置くと、**立ち寄り率**（**STOP**）が上がります。

店内、駐車場やドライブスルーにある商品やPOPを、お客様が、**可能な限り7秒**まで視認できる場所に設置すると**興味**（**HOLD**）と**購入率**（**CLOSE**）が上がります。

さらに車の平均移動スピードが速い道路にある店舗の場合、運転手の視野は狭まり、まわりに他の看板が多過ぎると自社ブランドの認知率が低下してしまうため、看板のデザインはより大きな板面、大きな文字、シンプルなメッセージ、または文字よりもロゴの表示を優先することが有効な取り組みとなります。

同じ論理は、店舗内のPOPにも適用できます。お客様が店内で歩くスピードと、主要動線のスタートである通路入り口から棚までの距離と時間をしっかりと考慮することです。その上で、売りたいカテゴリーとブランドの視認性を向上すべく、商品陳列とPOPの場所、ボリュームと視覚的際立ちを工夫することが重要となるのです。

こうした科学の知見をビジネスに応用するのは、まさにアメリカ流、と言えるかもしれません。ビジネスに応用できる研究は、まだまだたくさんあるはずです。

第7章

最前線の現場を後方支援せよ！「新時代の営業組織」とは？

ぬかりなく！本社の方針は現場に影響する

営業をサポートする5つの項目

本社や経営陣が現場の営業チームをサポートし、彼らが本来持っている力を発揮する環境を整えることは、企業の成長と競争力の向上に不可欠です。本章では「新時代の営業組織」について紹介します。

P&G時代には、大きく5つの支援項目、「方針」「組織体制」「業務効率化」「人材育成」「活力とモチベーション」があると考えていました。のちにそれぞれを詳しく解説しますが、まずは概略をお伝えします。

1．方針

本社の戦略や方針を現場に浸透させ、営業活動に一貫性を持たせるのが方針です。流通戦略やJBP、「ショッパー・マーケティング」などを含む「営業方針」が、全社戦略と相乗効果を発揮するように設計されることが望ましいです。

2. 組織体制

効果的な営業活動を支えるための組織構築を行い、役割分担を明確にします。市場特性と顧客ニーズに応じた役割分担と各職種のマルチ部門との連携が重要です。

例えば、P&Gでは伝統的な営業組織だけではなく、「営業企画」を組織、さらには個別の顧客企業対応型の「カスタマーチーム」を組織し、「カスタマーチーム」内に「マルチ部門スタッフ」（通常は市場調査、マーケティング、財務、物流、カテゴリーマネジメントなどのスタッフが集まる）を内製化し、その専門的知識とスキルを顧客起点の価値共創に活用しています。

3. 業務効率化

無駄な業務を削減し、営業活動の効率を向上させる必要があります。営業パーソンの価値を生む活動時間を最大化するため、業務の断捨離、標準化と自動化が大切になります。例えば、先進的なメーカーではＡＩを活用した「自動棚割りシステム」の導入により、棚割り分析と提案策定の作業時間を60％削減しました。

4．人材育成

営業スキルや商品知識を向上させるための「コンピテンシーマップ」を策定し、教育プログラムを提供します。

例えば、私がクライアントに推奨する「営業コンピテンシー」はセールスと顧客理解、アライアンス、カテゴリー計画と実行の3つのセクターに分かれています。育成にはトレーニングだけではなく、学びの実践、年間育成プラン管理、キャリアパス、プロジェクトアサインメント、フィードバック等の総合的な取り組みが必要です。

5．活力とモチベーション

営業チームの士気を高め、活力を与えるための施策を実施します。まずは、経営者や営業リーダーのメッセージが重要です。例えば、私が仕事をした「マックスファクター」では営業組織の「セールス・スピリッツ」醸成のために、本部長、部長や支店長が、やる気を引き出す数多くのストーリーを共有し、高いモチベーションを維持していました。

方針を最前線の現場に展開、業績に結びつける「OGSM」

まず、営業現場が成功するために重要なのは、「方針」です。いわゆる会社の方針は、クリティカルコアという中核戦略と枝のようにあるサテライト戦略の2つが組み合わさってできるものです。

営業戦略についても、中核戦略がサテライト戦略とお互いに共鳴し合い、相乗効果を発揮するようなものにする必要があります。

2000年当時のP&Gの企業としての5つの中核戦略では、営業方針（「Go-To-Marketケーパビリティ」と呼ばれていました）が、ブランド構築、消費者理解、イノベーション、スケール（規模の優位性）とともに位置づけられ、他の構成要素と有機的にシナジーを作るようマッピングされていました。

そして営業が主体者である中核戦略「Go-To-Marketケーパビリティ」のサテライト戦略として、「ショッパー・マーケティング」、カスタマーチーム、そしてGBU（グローバル・ビジネス・ユニット）／MDO（市場開発組織）というマトリックス（縦割りと横割りを組み合わせる）の組織構造がポジショニングされ、営業方針が機能しやすい仕組みがデザインされていました。

この戦略はP&Gのビジネスモデルが「B2B」から「B2B2C」へ進化していることも表していました。消費者のニーズが多様化、複雑化する中で、メーカーも消費者を深く理解しなければいけない時代になっていたのです。

「B2B2C」ビジネスモデルとは、企業が他の企業を通じて最終消費者に商品やサービスを提供する取引形態です。

企業間取引（B2B）と消費者向け取引（B2C）の両方の要素を含み、営業部門が商品の流通やトレード・マーケティング（営業企画）を担当。メーカーを顧客企業（小売業）と消費者につなぐ役割を果たし、顧客企業と最終消費者の両方のニーズを理解する。そうすることで、より価値を提供しやすくなります。

一方、戦略があってもそれが現場に伝わっていなかったり、実行ができなければ意味がありません。P&Gでは、コーポレート戦略を各事業部、各部に展開する手法として「OGSM」という手法を活用していました。

「OGSM」とは「目的」「目標」「戦略」「評価指数」（Objective Goal Strategy Measurement）の頭文字をとったもので、戦略展開や進捗管理のためのフレームワークです。

もともと日本の自動車業界で使用されていましたが、P&Gで活用され、その後、多くのグローバル企業で使用されるようになったとされています。

「目的」は事業を行う意義や理由を説明し、「目標」は目的を達成するための具体的で測定可能な指標を表します。「戦略」は目標を達成するための選択肢や優先順位を表し、「評価指数」は戦略の効果を測るための指標を表します。

「OGSM」の魅力は、以下の3つが挙げられます。

①4項目のシンプルな構造で、戦略全体が1ページでわかりやすく整理でき、組織全体に理

解されやすい。

②組織上位階層の「ＯＧＳＭ」のstrategyとmeasurementが下位階層の「ＯＧＳＭ」のobjectiveとgoalとしてそれぞれ引き継がれ、戦略が組織の上位から下位に滝のように連続して流れ落ちる。組織全体が同じ方向性と網羅性を維持しながら展開される。

③strategyの進捗状況をmeasurementで「見える化」し、結果に結び付けやすい。

「ＯＧＳＭ」は、全社戦略を整理整頓、上下連鎖、見える化することで、本社の戦略をぬかりなく最前線の営業を含む現場に展開し、業績結果に結び付けるフレームワークです。

私が交流している企業経営者からも「現場に経営戦略が浸透していない」「目的と手段がひっくり返って伝わっている」「進捗状況が見える化できていない」などの嘆きをよく耳にしますが、戦略を「ＯＧＳＭ」で整えて展開することをお勧めしています。

方針はシンプルで上下連鎖して、簡単に見える化できることが大切なのです。

組み立てよう！営業組織の後方支援体制

営業とマーケティングの橋渡しをする「営業企画」

P&Gをはじめ、先進的な消費財メーカーは、営業チームがマーケティングからの洞察を実践に活かし、一方で現場の情報をマーケティング戦略に反映しています。この相互交流は、顧客満足度と企業成長を加速させる要因になっています。

しかし、私が入社した頃は、そうした状況にはありませんでした。現場に配属され、売上が上がらなかったり、棚割りが広がらなかったり。さまざまな困難に直面すると、夕方に戻った営業支店や帰りの居酒屋で、同僚や先輩社員と一緒になって、マーケティングなど本社部門のせいにしていました。

「広告宣伝が悪い」「定価が高過ぎる」「アイテム数が多過ぎる」「製品機能が劣っている」「品薄でチラシ枠を確保できない」「販売予測、目標が高過ぎる」「お客様のことを理解していない」「流通マージンが低過ぎる」「プロモーション展開が遅過ぎる」……。

まるで文句のデパートのように、本社部門に対するネガティブな言葉や、言い訳ばかりを語っていました。急成長したP&Gジャパンにも、そういう時代があったのです。

今なお、多くの会社で経営幹部は営業とマーケティングの連携に不満を持っています。そのギャップは、しばしば企業内のコミュニケーション不足や目標の不一致に起因しています。マーケティングと営業の相乗効果を最大化するには、従来の営業に加えて、顧客起点で思考し、課題と打ち手の仮説を設定し、お客様にブランドの露出と価値訴求を行う能力を、組織的に養う必要があります。

また、現場の営業がパートナーである小売業者と協働し、カテゴリーの戦略、戦術を策定し、店舗のオペレーションを通じて、お客様の購買体験価値の向上につなげる、店舗施策のプランを開発し、現場を支援することも重要です。

そこで先進的な消費財メーカーが取り組んできたのが、「営業企画」という機能の強化だったのです。セールスとマーケティングの仲介役となり、マーケティング施策を市場・チャネル特性に適合させ、現場営業を通して顧客企業（バイヤー）と消費者（ショッパー）へと展開する。一方で、現場の声を社内各部門に伝え、連携する。

「営業企画」の担当者および部門は、商品群別（例：化粧品、紙おむつ、洗剤&ホームケア、ヘアケアなど）に分かれたカテゴリーチームの一員として、他部門（マーケティング、財務、市場調査、研究開発、生産など）と協働し、製品が市場や得意先に受け入れられやすくなるよう取り組みを進めます。

特に、一般的には対立しがちな現場の営業と本社の、マーケティングの協働の架け橋となり、相乗効果を発揮するよう努めることが求められます。

「営業企画」を担う組織は、企業によって呼称が異なり、「販売企画」「営業戦略」「トレード・マーケティング」「セールス・マーケティング」「MS&P：マーケット・ストラテジー・アンド・プランニング」などと呼ばれ、責任と役割も企業によって異なるようです。

「営業企画」が営業とマーケティングを近づけた

「営業企画」の役割について左の図に表してみました。名称は違えど、共通しているのは、店頭で使うマテリアルを開発して、それを営業に届ける機能でしょうか。これは消費者に向けた施策で「ショッパー・マーケティング」の一環になるかと思います。

しかし、先進的な企業で「営業企画」の機能として大きく進化したのは、もう一つの機能である「カスタマー・マーケティング」でした。得意先である小売業に対して、どうブランドの露出を増やしていく提案ができるかを考えます。

先に「ウィスパー」の取り組みについて触れましたが、「営業企画」の提案なしに、店頭での大きな展開はあり得なかったと感じています。

配荷を増やし、棚割りを広げ、特売する店舗の山積みのボリュームを大きくしていく。こ

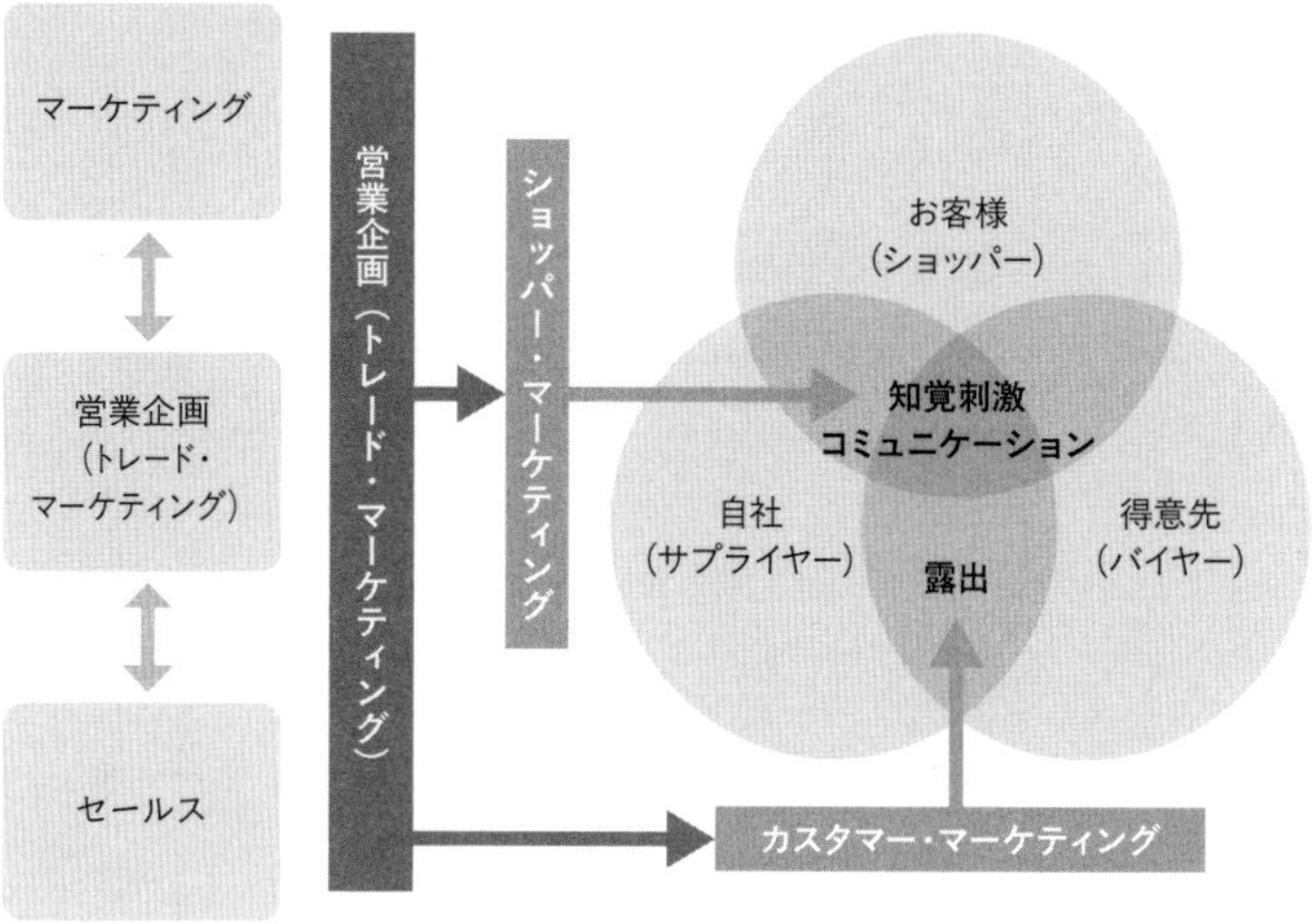

営業のマーケティング思考を高めるには？

うした露出を上げていく活動こそ、「カスタマー・マーケティング」です。

倉庫に押し込むのではなく、店舗の店頭にいかに商品を展開してもらうか。消費者の目につくところに、いかに置いてもらうか。そのための取り組みこそが、今は求められてきているのです。

P&Gジャパンが「営業企画」の取り組みを導入したのは、米国にこのコンセプトがあったからです。せっかくグローバルのノウハウがあるので、使ったほうがいいという判断だったのだと思います。「営業企画」ができてから、P&Gジャパンの営業は大きく変わりました。

マーケティングの担当者が、時折現場の商談に営業企画と一緒に来るようになりました。マーケティングも、バイヤーをしっかり知らなければいけないという理解を示し始めたのです。

営業の現場も、「営業企画」が主導していくとマーケティングと接する機会が増えました。製品開発の担当者と接する機会も拡大しました。そうすることで、部署間の関係は明らかに良くなりました。連携を取りやすくなっていったのです。

私は入社5年目に営業の現場から本社の「営業企画」に異動になりました。カテゴリーチームの一員として、マーケティングをはじめとする本社各部門のスタッフと一緒に仕事をするようになったのです。

それまではネガティブなことばかり言っていたわけですが、これをきっかけに被害者妄想は自然と消え失せ、何事もポジティブに考え、行動できるように変わっていったのでした。

現場が営業しやすい環境を作るべく、現場からの問題提起やクレームに対し、現場の声を傾聴していきました。例えば、扱いやすい店頭の販促物を開発するなど、マーケティングや関係各部とも積極的に協働するようになりました。

また、未解決の課題はその進捗状況を伝え、現場の理解と協力を仰ぐように対応していきました。

その後、米国で半年間、「営業企画」のプロセスを学びました。米国の仕組みを標準化し、プランを現場が使いやすいようパッケージ化する学びの機会を得ました。

1990年代の終わりには、私はP&Gの「営業企画」部門の責任者になり、「営業企画」

のミッション、ゴール、業績指標、職務分掌、業務プロセス、組織構造などを総合的に整理することになります。

組織全体で営業力を強化する3つの部門

これまでは、営業というと基本的に現場のフィールド・セールスのイメージが強いのが実情でした。しかし、得意先が複雑になり、ソリューション営業を仕掛ける必要も出てくる中で、単にバイヤーだけを対象にしている営業では、なかなか勝てなくなっています。

そんな中で消費財メーカーは、現場の営業を支援し、組織全体で営業力を強化する仕組みを開発運用しました。それが「営業企画（トレード・マーケティング）部門」「フィールド・セールス部門」「フィールド・マーチャンダイジング部門」の3つの部門です。

営業企画（トレード・マーケティング）部門

製品の市場展開と販売促進戦略の立案を主導します。チャネル戦略を通じて、製品がどの販売経路を通じて消費者（ショッパー）に届けられるかを選択し、トレード・プロモーションを計画、実施。商品の市場での露出を高め、「ショッパー・マーケティング」によってショッパー起点の販売戦略を展開します。

また、必要に応じて「セールス・インセンティブ」の制度設計によって営業チームのモチベーションを高め、「フィールド・マーチャンダイジング」を通じて製品の露出と本部商談の実行率を高める施策を立案・展開します。

「営業企画（トレード・マーケティング）部門」が策定した戦略は、「フィールド・セールス部門」によって販売活動や協働の取り組みに活かされます。また、「営業企画（トレード・マーケティング）部門」が現場からのフィードバックを製品開発、マーケティング戦略、トレード・プロモーションの開発や調整に活かすため、現場と本社のコミュニケーションハブとしての役割も果たしています。

企業によってはこの組織を「販売企画」「セールス・マーケティング」「カスタマー・マーケティング」と呼ぶこともあります。

フィールド・セールス部門

商談を通じて顧客企業との直接的な接点を持ち、販売活動と強固なパートナーシップ構築を実行します。

バイヤーとの直接的なコミュニケーションにより顧客企業のニーズと課題を理解し、その理解に基づいて提案や交渉を行います。「JBP（協働ビジネス・プラン）」やカテゴリーのマネジメントを通じ、顧客企業との協働関係を築き、製品の適切な露出とプレゼンテーションを実現します。

顧客企業の組織文化や方針を重視し、バイヤーや得意先が成功するための支援を行い、協働関係をさらに深化させます。

フィールド・マーチャンダイジング部門

リアルの店舗でのマーチャンダイジング活動を担当します。バイヤーにはすべての権限があるわけではなく、企業によっては売り場作りはお店に権限委譲されています。

本部商談の店舗での実施率を向上させ、売り場の提案や構築を行い、販促物の設置やデモンストレーション販売を通じて商品の魅力を直接消費者に伝えます。この部門をしっかり持っていないと、店頭で露出を奪えない可能性が出てきます。

すでに触れているように、「ラウンダー」という専門会社と契約をしたり、直接パートタイマーを雇って展開することも少なくありません。

また、店頭調査や実行モニタリングにより市場の動向を把握し、社内各部に現場の声を届け、店舗オペレーションの支援を行います。

「フィールド・マーチャンダイジング部門」や「フィールド・セールス部門」が顧客から得た情報は、「営業企画（トレード・マーケティング）部門」の戦略策定に役立ち、「フィールド・マーチャンダイジング部門」は市場での反応をもとに、セールス部門の戦略を支援します。

このように部門間の情報共有と連携により、消費財メーカーは市場における競争力を高め、持続可能な成長を目指しています。

ソフトウェア企業の営業が連携する4つの部門

一方、左の表で比較しましたが、ソフトウェア企業における法人営業では、技術進歩が速くニーズが多様化する市場に適応するため、4つの部門を持っています。それぞれ独自の役割と責任を持ちつつ、連携して全体の営業プロセスを成立させます。

マーケティング部門

オンライン（ウェビナー、マーケティングオートメーションツールなど）とオフライン（展示会、広告、セミナーなど）の両方の手法を活用し、潜在的な顧客（リード）を獲得します。その後、収集したリードを「インサイド・セールス部門」に引き渡すことで、次のステップへとつなげます。

インサイド・セールス部門

「マーケティング部門」から受け取ったリードに対し、リードナーチャリング（見込客の関

営業組織構造

消費財メーカー		ソフトウェア企業等	
部門	役割	部門	役割
営業企画（トレード・マーケティング）	流通戦略、取引制度、セールスプラン、トレードプロモーション、ショッパー・マーケティング、セールスインセンティブ策定現場（フィールドセールス、バイヤーとショッパー）の声を社内各部門に伝え連携	マーケティング	オンライン（MA等）とオフライン（展示等）を活用して潜在顧客（リード）の獲得 リードのインサイド・セールス部門への引き渡し
フィールド・セールス（カスタマー・チーム）	顧客理解 商談準備 提案や交渉 受注と売上達成 顧客との協働関係の構築（JBP、カテゴリーマネジメント） 関係深化のためのエンゲージメント	インサイド・セールス	見込客の温度感と成約可能性の向上（リードナーチャリング） 顧客の最初の窓口として接触 顧客の声を社内各部門に伝え連携 商談機会が整ったリードの対面営業部門（フィールド・セールス）への引き渡し
		フィールド・セールス	見込客の育成や案件発掘 オンライン、オフラインで顧客と接触 契約成立と売上達成 顧客のカスタマー・サクセスへの引き渡し
フィールド・マーチャンダイジング	本部商談の店頭実施率向上 売り場提案 販促物設置 デモンストレーション販売 店頭実施状況のモニタリング	カスタマー・サクセス	受注後の顧客サポートとエンゲージメント 顧客がサービスを活用し成功するための支援 クロスセルやアップセルで販売を促進 CRMやユーザーコミュニティ構築等により契約維持

出典：『The Model』福田康隆（翔泳社）

心と成約可能性を高める）を実施します。メール、ＳＮＳ、電話、テストツールの貸出などを通じて、顧客との初期接触を行います。また、顧客からのフィードバックを社内各部門に伝え、必要に応じて「フィールド・セールス部門」へのリード引き渡しを行います。

フィールド・セールス部門

見込客の育成や案件発掘、契約の成立と売上の達成を担います。面談やオンラインコミュニケーション、メール、ＳＮＳ、電話などを駆使して顧客との深い関係を築き、最終的に契約を獲得します。契約が成立した後は、顧客を「カスタマー・サクセス部門」に引き渡し、アフターケアを委ねます。

カスタマー・サクセス部門

契約後の顧客サポートやエンゲージメントを担います。顧客が製品やサービスを最大限に活用して成功を収めることができるよう支援します。また、クロスセルやアップセルを通じて更なる販売機会を創出し、ＣＲＭ（カスタマー・リレーションシップ・マネジメント）やユーザーコミュニティの構築を通じて、顧客との長期的な関係を維持します。

４つの部門は、顧客との関係構築のライフサイクルの各段階で緊密に連携、一貫した顧客体験を提供し、企業の収益と顧客満足度の両方を最大化します。

「マーケティング部門」が生み出したリードは、「インサイド・セールス」により育成され、「フィールド・セールス」が契約に至らせ、「カスタマー・サクセス」がその後のサポートとアップセルを担います。このシームレスな連携が、企業の持続的な成長を支える鍵となります。

消費財メーカー、ソフトウェア企業の法人営業を紹介しましたが、それぞれの市場特性と顧客ニーズに合わせた役割分担とチーム間連携により、営業力を強化し、継続的なビジネス成長を実現する仕組みとして機能しています。

昨今はメーカーでもソフトウェア企業が活用している「カスタマー・サクセス」の機能を持つ部門を新設し、現場営業のサポートを強化し、生産性と売上に効果を発揮している事例も徐々に増えつつあります。

近代的な営業組織「カスタマーチーム」構築でJBP実現

他の部門が「フィールド・セールス」を後方支援するのが、近代的な営業体制と言えますが、もう一つ、営業組織としても近代化が進んでいます。

一般的な営業組織は「バタフライ型」と呼ばれていますが、会社代表が営業、得意先代表がバイヤーで、営業とバイヤーの一対一の関係でした。商談内容は「いくらにしますか」

「新製品が出ました」「チラシを入れます」といった基礎的な内容にとどまります。

これはなぜかといえば、他の職種のサポート体制が営業組織として構築できていないからです。そのため、問題があったときだけ営業を本社機能がバックアップする体制になります。

多くは縦割りで、事業別、エリア別に組織されています。中には、事業部が異なるからと、同じ得意先に異なる営業が向かうこともあります。コストはかかりませんが、伝統的な日本企業は今なお、このスタイルが中心ではないでしょうか。

一方、近代的な営業組織は「カスタマーチーム」を作っています。大手の消費財メーカーでは、「フィールド・セールス」の中に、コアな得意先を担当する「カスタマーチーム」を組織化し、カスタマーチーム・リーダーがマルチ部門のスタッフ（消費者・市場調査、マーケティング、財務、サプライチェーン、カテゴリーマネジメントなど）を率いる形態を採用しています。

会社によっては「カスタマーチーム」内にマルチ部門のスタッフが組み込まれており、専門的スキルやリソースを得意先のニーズや課題に寄り添ったソリューションを提供することに活かしています。

P&Gでは営業本部にこうした目的と機能を持たせ、2000年からは組織の呼称も販売本部から「CBD（カスタマー・ビジネス・デベロップメント）本部」に変更しました。

「カスタマーチーム」の良さは、単に売る側、買う側の関係ではなく、当たり前のように協働することになる点です。会議や勉強などで、まるで同じ会社の人間ではないかと思えるくらいに会う頻度も高まり、協働しやすくなります。

また専門的リソースがありますから、ソリューションを提供しやすくなる。また、バイヤーとの一対一ではなく、タッチポイントが一気に増え、バイヤーの上司に会う機会も増えます。こうなれば、企業対企業の関係も強くなります。この結果、メーカーと小売側で部門ごとに接点ができた状態が「ダイヤモンド型」と呼ばれる体制です。

私自身が得意先から言ってもらったのは、「すごく勉強になる」ということでした。私たちも勉強になるわけですが、バイヤーも実は消費者理解やシステムなどを学びたいと思っているのです。お互いを高め合えるのです。

こういった専門性を持った人材と協働できる関係性の構築の上に小売業とメーカーが戦略レベルで協働する仕事の進め方がJBP（協働ビジネスプラン）です。

筆者が2000年頃に担当していた大手コンビニエンスストアーと、当時P&Gが発売していた成型ポテトチップスのプリングルスの日本未発売のフレーバーを米国からコンテナで直輸入して販売するという取り組みを行いました。当時の3アイテム（サワークリームオニオン、うす塩、チーズ）を定番にとして扱っていましたが、米国本社が日本のコンビニの要望に応えて頻繁に新フレーバーを日本市場に投入することも容易ではなかったのです。そこで、マーケティング、財務およびロジスティックス本部の協力を仰ぎ、米国で発売されているフレーバーの中で、日本のコンビニのお客様にとって購入意欲の高いものをチョイスしてコンテナで輸入し、半年に1回定番アイテムを入れ替えながら販売しました。濃いめの甘いソースが特徴のバーベキュー、酸っぱくてパンチの効いたソルト・アンド・ヴィネガーは意外にも売上に貢献してくれました。

この実現には調査・分析チームによるショッパーの満たされていないニーズの把握、財務による損益分析。「ショッパー・マーケティング」による訴求メッセージとクリエイティブの開発、サプライチームによる輸入も含めたロジスティクス対応など、カスタマーチームの専任スタッフがプライオリティとして取り組んだからこそ実現したのです。

このJBPは得意先小売業と協働で進めていくものなので、進め方のプロセスも重要です。その手順は、①顧客企業の課題を把握する、②ショッパーのターゲティングと理解、③事業部(カテゴリー)の戦略策定、④マーチャンダイジング戦略の策定、⑤オペレーションの実行、です。それぞれの手順で必要となる専門スタッフが異なることから、マルチ部門のメンバーがカスタマーチームには必要となるのです。

個別の得意先ごとにマルチファンクションの「カスタマーチーム」を作るのがコスト的にも難しいのであれば、営業本部長の下に、あるいは営業部長の下に他の営業部も共有できるマルチファンクションを組織することです。事業ごと、得意先グループごとなどに、組織してもいいかもしれません。そうすれば、コスト分散をすることができます。

伝統的な営業組織は、飲食業にたとえるなら、店長もシェフも客席係も一人の店主がやるようなものです。これを近代化させ、シェフもソムリエもパティシエも客席担当者もいて、それぞれが専門性を活かして、お客様に寄り添ったサービスができるようにする。これが、「カスタマーサービス」のわかりやすい考え方です。

まずは近代的営業の「最強のパートナー」、調査・分析スタッフを

コスト面の課題があるなら、複数の部でマルチファンクションを共用すればいい、と書きましたが、それでも費用も時間もかかります。そこでまず、スタートとして私が勧めているのが、調査・分析スタッフをつけることです。

一つはショッパー理解を深めることができる「消費者・市場調査スタッフ」。もう一つが、カテゴリーのマネジメントに活きる「POSデータ分析スタッフ」です。

P&Gが2000年頃からそれまでの伝統的な事業部別、エリア別の営業組織ではなく、個別の大手顧客企業対応型の「カスタマーチーム」を組織していったことはすでに書きましたが、多くのマルチ部門スタッフの中で、得意先の課題発見と協働関係強化に最も貢献してくれたのは、この2つだった印象が強いのです。この2つさえあれば、ソリューションセールスのレベルは大きく上がります。

彼らの役割は、「JBP」に取り組む小売パートナーの属する市場、競合他社の動向を収

集・分析することです。

得意先の全社的な課題と成長機会（売上、シェア、客数、単価、ペネトレーション、購買頻度、ロイヤリティなど）を把握し、ショッパーの購買態度・行動と満足度を分析。得意先のＳＷＯＴ（強み、弱み、機会、脅威）と重点的に取り組むべきカテゴリーの課題を発見し、カテゴリーのマネジメントや「ショッパー・マーケティング」における打ち手の示唆をします。

また、先にも少し触れていますが、営業はどうしてもバイヤーに気を遣います。バイヤーの改善の機会や得意先の課題を正直に言えないこともある。人間関係がかなりできているなら別ですが、バイヤーに気分を害されても困るので、言いづらさがあるのです。

ところが「消費者・市場調査スタッフ」や「ＰＯＳデータ分析スタッフ」は、若い社員が多かったこともあり、まったくそうした忖度がありませんでした。

ショッパーの客観的なデータに基づき、得意先の改善点や競合に劣っている点をためらいもなく淡々と情報提供するのです。これには、売り手・買い手の上下関係を気にしてバイヤーに耳の痛い情報を提供することをためらう、多くの営業担当者が勇気づけられていました。

一方のバイヤーも「消費者・市場調査スタッフ」や「ＰＯＳデータ分析スタッフ」の説明に対して、目から鱗が落ちるような表情で興味津々と耳を傾けることも少なくありませんでした。

自社の改善点と成長の機会を素直に認め、むしろ協働に対するコミットメントをより深めてもらえることになったのです。彼らのおかげで、バイヤーとの信頼関係はより大きなものになったと感謝しています。

最新の小売パートナーとの協働では、消費者・市場理解とともに、お客様の属性が紐づいたID－POSの分析によるショッパー行動の理解が求められるようになってきています。「消費者・市場調査スタッフ」や「POSデータ分析スタッフ」が、ビッグデータ分析のエキスパートであるデータサイエンティストと協働して、得意先の課題発見と解決のための示唆を提供し、営業を支援することがますます重要になりつつあります。

そして、データサイエンティストの採用が激化しています。データ分析を学べる学科を持つ武蔵野大学、滋賀大学、横浜市立大学、の略称「MUSYC」の学生は引っ張りだこになっているようです。

もったいない！無駄な作業は効率化せよ

デジタルツール導入の前に、まずは「断捨離」を

営業をサポートする5つの項目、3つ目は「業務効率化」です。私はこれまで、多くの書籍、調査資料、セミナー、実践を通じて営業パフォーマンスの向上策を学んできました。その最大化を図るには、顧客への提案内容の質を上げるためにもバイヤーとの接触頻度を上げ、関係構築にかける時間を最大化すること、というのが私の結論です。

これを方程式で極めてシンプルに表現すると次のようになります。

営業業績 ＝（環境依存） 提案品質 × 接触頻度 × 関係密度

この理論を裏打ちするものとして、第3章でご紹介した「ザイオンスの法則（単純接触効果）」「エンドウメント効果」「認知的不協和」「ＶＩＴＯセリング」などの理論があります。

価値を生む営業業務とは？

営業成績 ≧ 提案品質 × 接触頻度 × 関係密度

価値のある業務：

・顧客との直接的なコミュニケーション（提案、交渉、打ち合わせ）

・商談準備（情報の収集・分析、資料作成）

・新規顧客の開拓

営業準備の有無による商談成功率はどのくらいですか？

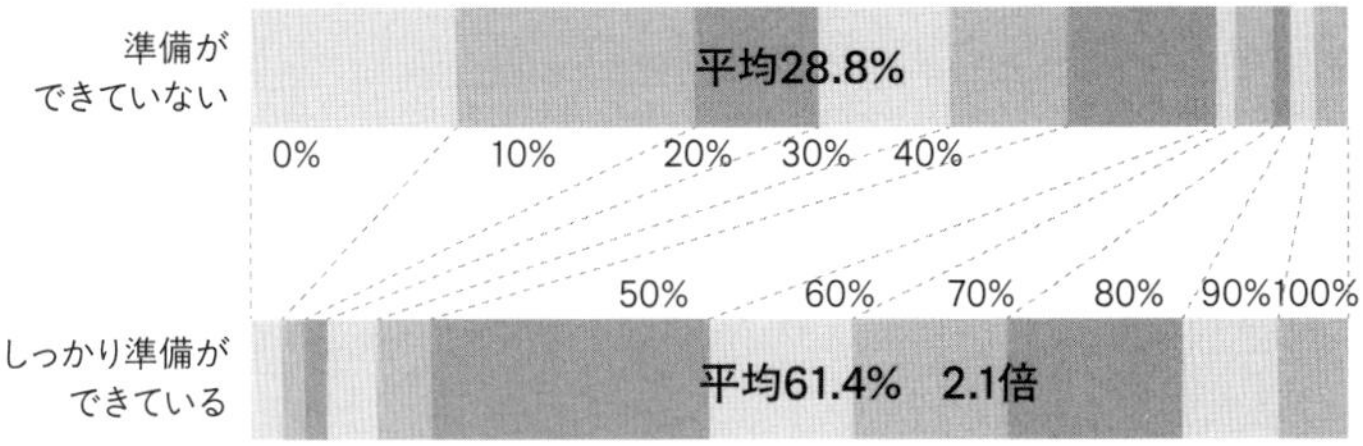

引用：https://saleszine.jp/news/detail/26427?utm_source=saleszine_regular_20210702

また、上の図にあるように、価値のある提案を行うための「商談準備の質」によって、商談成功率は大きく左右されるというデータもあります。

準備ができていると約6割が成功するのに対し、準備ができていないと約3割しか成功できない。生産性が2倍違うのです。準備が不十分のままバイヤーとの商談を行い続けると、期待通りの営業成果を出せないということになります。

価値を生む営業業務とは、顧客との直接的なコミュニケーション（提案、交渉、打ち合わせ）、商談準備（情報の収集・分析、資料作成）、新規顧客の開拓などが該当します。

では、こうした価値を生む業務に、営業スタッフはどの程度時間を使えているのでしょうか。

実際にはビジネスが成長し、扱う商品や販売チャネルが増加し、得意先との協働が深化すると、営業パーソンの活動時間は大事な商談以外の作業にどんどん取られていってしまうのです。

その結果、平均的な顧客接触時間は勤務時間の約25％しかないという分析結果があります。一方、移動時間は30〜35％も占めているというのです。

営業にとっての無駄な業務とはどのようなものか。私自身も若い頃によく感じていたことでしたが、大きく4つになるかと思います。

「過剰なセールス活動報告」「非効率な移動時間」「手作業による雑務（データ入力、出張手配、旅費精算）」「非効率な社内会議」。

業務効率化を社内で議論すると、デジタルツールの活用（SFAやCRMの導入）など、DX化を推進すべきという声が優先されがちです。しかし、取り組む順番としては、まず「断捨離」を行い、プロセスを簡素化・「標準化」し、その上で「自動化」（DX化）を推進するのがスマートな方法です。

無駄な業務の「断捨離」の仕方は、業務の棚卸しを行い、各タスクの必要性を評価することです。重複している作業を特定、統合または削除する。報告書のフォーマットを簡素化し、作成頻度を見直す。会議の目的と参加者を明確にし、不要な会議を削減するというのが代表的な対応事例として挙げられます。

P&Gの営業本部も、大手小売業による市場の寡占化状況を見ながら、営業スタッフが直接バイヤーと商談する小売業の数を定期的に絞っていきました。

メーカーの営業に代わって卸店の営業がバイヤーとの商談を行う小売業者の数を増やし、卸店の営業がバイヤーと商談成立しやすいよう、市場・商品知識、消費者理解、取引制度、マーチャンダイジングなどのリソースを共有するようになりました。

こうした卸店との協働体制や「JBP」を活用した取り組みは、生産性の向上だけでなく、卸店の営業力強化にもつながり、一石二鳥の対応だと思います。

日本マクドナルドでも、意思決定やコンセンサスの重要な活動でありながら、多くの無駄を生んでいたのが会議でした。そこで2018年、「ソクラテス」という働き方改革のワーキングチームを発足、各本部を代表するスタッフとオフィス改革、ワーキングポリシー策定、ITツールの導入などを検討し、プロジェクトの発起人として私はスポンサーを務めました。

パンデミックの影響で便利なオンライン会議が習慣となり、コミュニケーションの機会は増えました。ところが、会議の生産性が上がったとは思えませんでした。

そこでワーキングチームの中核メンバーで会議のあり方をとことん議論し、会議十か条というルールを策定。全スタッフに展開しました。

①「目的・ゴール」の明確化、②「定例会議」の必要性の見直し、③「会議時間」は基本30

分、④「9時－17時以外の時間帯」は会議禁止、⑤「必要最少メンバー」に絞る、⑥「事前資料の質と量」を最適化、⑦「事前資料の当日プレゼン」禁止、⑧「開始時間ぴったりに」開始、⑨「早めに終了」を推奨、⑩「フォローアップ」で目的達成。

事後調査でその有効性とインパクトは高く評価され、ワーキングポリシーで従業員の生産性向上の一助になったと思います。

「標準化」「自動化」で気をつけるべきこと

業務の「標準化」の仕方は、営業プロセスを明確化し文書化する、標準的な提案資料や見積書のテンプレートを作成する、顧客対応や商談のガイドラインを策定する、ベストプラクティスを共有するといった事例が挙げられます。

マクドナルドは、オペレーション業務の標準化において世界をリードする企業として知られています。全世界に4万店、日本に3000店あり、20万人のアルバイトがいますが、これだけあると業務にバラツキが出かねません。

バラツキを放置すると、とんでもない無駄な時間がコストとして乗ることになり、それを価格に加えなければならなくなります。どれだけ標準化するかが問われるのです。

マクドナルドが標準化している店舗オペレーション業務は、店舗のビジネス計画、食品安全・品質管理、調理プロセス、接客サービス、採用&トレーニング、スケジューリング、労働安全衛生、在庫管理、機器のメンテナンスなどです。

これらの業務は「システム」として定義され、科学的管理手法で作業工程が分析されています。クルーはどう動き、どういう動線でモノを取り、調理するか。一切、無駄なステップを踏まないような動線や機器のレイアウト、通路の幅などが決められています。

分業化や標準化を徹底し、各システムが全体最適化するような効率的な業務プロセスが確立されているのです。

そして、この効率化のメリットを持続可能なものにすべく、マニュアルとプロセスを定期的にアップデートし、先にも触れた「ハンバーガー大学」という企業内教育機関がトレーニングプログラムを開発・展開しています。

統一された設備・機器を使用、店舗設計とレイアウトの標準化を定期的に見直し、監査と評価を通して、全工程の継続的改善を行っています。

業務の「自動化」については、ICT系の企業やそのクライアント企業では、CRMシステムを導入し、顧客情報管理を一元化しています。また、営業支援ツール（SFA）を活用し、商談管理を効率化。AIを活用して文書作成などの定型作業を自動化したり、出張・会議室手配・経費精算などの作業も自動化しています。

私がアドバイザーを務めているスタートアップ企業やそのクライアント企業では、多くの業務が電子化されており、全従業員に生産性の高い仕事環境を提供しています。

例えば、スケジューリング、出張・経費管理、宿泊・会議室予約、備品購入、押印、社内稟議などのプロセスのみならず、情報共有に関してもデジタル化が進化しています。

スケジューリングソフト、経費精算クラウド、稟議ワークフローソフトなどを利用、電子化が広がっていますが、意外に安価に使えるものもあります。

例えば、「ServiceNow」。自動化ツールとしては、セールスフォース、ＳＡＰと並ぶ３大巨頭になるといわれています。

バイヤーが欲しがっている商品・サービス情報、ショッパーの動向、棚割り提案、テスト店舗の進捗などを、わざわざ営業担当者に連絡しなくても、バイヤーが必要なときに、必要な情報を参照できる仕組みが構築されつつあります。

日本総合システム株式会社は「StoreManagerGX」というシステムを開発し、ＡＩによる自動棚割りアルゴリズムで棚割り生成と進捗管理を行っています。

商品の特性や競合状況を考慮して、最適な棚割りを生成し、それまで人が行っていた棚割り作業時間を約６割削減するとともに高い精度で効果的な棚割りのアウトプットを生成するサービスを提供しています。

人材開発の5つの成功要素とは

営業をサポートする５つの項目、４つ目は人材育成です。先にも触れたように、Ｐ＆Ｇでは、2024年現在、全世界のカントリーマネージャーの約7割と、5つあるグローバル事業部CEOのうち、半数以上が営業出身者です。

彼らがグローバルのリーダーとして認められ、経営責任者に登用されるようになった要因は何でしょうか。

前近代的なB2B営業を近代的なB2B2C営業スタイルに進化させたのが、P&Gでした。

「マーケティング思考」で独自の流通網を築き、卸店や小売チェーンとの強い絆を育み、お客様の店舗体験価値を向上させ、「値上げ」を継続しながらも購買客数を維持して市場シェアを拡大していく。

P&Gが育ててきたのは、そんな総合的なプロデュースができる営業でした。そのための人財開発をご紹介したいと思います。

効果的な人材開発には、5つの要素を組み合わせた仕組みを整備します。上司と部下は、部下個人の特性や強みに合わせて、最適な育成目標、プランを選択し、計画的にコンピテンシーを高め、最終的に業績につなげられるよう、人材開発の仕組みを運用していくことが求められます。

コンピテンシー

単に知識やスキルを持っているだけでなく、それらを効果的に活用し、高い成果につなげる能力を重視する概念です。トレーニングだけに焦点を当てるのではなく、スキルや知識が個人と組織の能力開発と業績により包括的につながるよう、コンピテンシーモデルという仕組みを作ることが重要になります。

コンピテンシーモデルとは、特定の職務や役割において高い成果を上げるために必要な行動特性、スキル、知識を体系化したフレームワークです。全職務に求められるジェネラル・コンピテンシーと、特定の職務に求められる専門的コンピテンシーの2つから構成されます。

トレーニング（Off the Job Training）

事前にカリキュラムを組んで実施する新入社員研修や管理職研修などのように、現場以外で行う教育や訓練などを指します。

営業の専門的な知識やスキルを身につけさせることに役立ち、新たな能力を習得した従業員の生産性が向上するだけでなく、モチベーションを向上させる機会にもなります。特に20代では、トレーニングが充実している会社の評価が高い現実があります。

トレーニングに参加することは、費用と時間の投資をすることです。リターンを最大化できるよう、上司とスキル開発目標を合意した上で、事前にしっかりとした準備を行い、また事後にフォローアップを行うことが重要になります。

実践と自己啓発

コンピテンシーは実際の業務経験を通じて培われます。日本マクドナルドもそうでしたが、トレーニング後、新しく学んだスキルを実務で試し、定期的にその結果を振り返ります。実践して自己の成長プランの修正を行い、自己啓発を行うことは、さらなるコンピテンシーの向上につながります。

私は会社帰りに書店で気に入った本を買ったり、海外出張の際に米国のシニアマネジメントにお勧めの本を教えてもらってアマゾンで発注したりしていました。特に英語の本を読むことは重要でした。外国人のマネジメントと同じ目線を持てたからです。

日々勉強し、成長する意欲を絶やさない。また、学んだことを実際に仕事で試してみる。この2つは、ずっと意識をしてきたことです。

チャレンジングな配置転換

チャレンジングな業務や、通常とは異なる部署や業務への配置転換、プロジェクトリーダーなど新しい役割の付与など、難易度の高い業務へのアサインメントは、人材育成を加速させる有効な手段です。

私はP&Gの22年間で15回の異動と、複数の大きなプロジェクトリーダーを拝命しました。その約半分は自ら立候補したり、上司とのキャリアディスカッションの際に訴えかけてつかみ取ったものでした。

自身にコンピテンシーと自信が付き、大きく成長したことを実感できたのは、中華圏の化粧品カテゴリーの営業ディレクター、取引制度改革、M&A後の営業組織統合のプロジェクトリーダーなど、難易度の高い業務を経験したときでした。

フィードバック

5つの中で最も重要な要素かもしれません。定期的な1 on 1ミーティングなどを通じて、経験豊富な上司や先輩社員からのコーチングやメンタリングを受けることで、業務上の課題に対するヒントやアドバイスをもらい、効果的にコンピテンシーを高めます。

また、360度評価や定期的なパフォーマンスレビューなどを通じて、上司や同僚や部下からの具体的なフィードバックを受け、自身の強みや改善点が把握できます。

上司は360度評価でもらったフィードバックを活用し、部下の優れた点を賞賛し、さらなる高みを目指すよう、モチベーションを高めます。

また、改善点について話し合う際には、上司は心理的安全性を確保します。部下の話を傾聴する姿勢を示し、部下が防衛的にならないよう、フィードバックを批判ではなく成長の機会として捉えられる雰囲気づくりをすることが大切です。

一方的に改善プランを指示するのではなく、コーチングにより部下が自主的に行動を促せるよう質問を投げかけ、話し合いの結果、具体的な行動計画を部下自身が立てられるようサポートする意識が重要になります。

人材開発への投資は、従業員個人のスキル向上やチームの業績を改善するだけではありません。

早く成長して財務的に豊かになり、経済的自立をしたいと望んでいる若いタレントを引きつけ、会社や仕事に対する愛着や貢献意識を高め（エンゲージメント向上）、離職率の低下にもつながる投資対効果の高い取り組みであると実感しています。

ただし、従業員個人の成長と業績アップには、たしかに会社や上司の助けは必要ですが、ロールモデルとなる先輩やコンピテンシーモデルを参考に自分自身でキャリアビジョン、スキル開発プランを立て、自分で自分のキャリアを切り開くという従業員個人のオーナーシップこそが最も大切になります。

営業に必要な能力を整理「営業コンピテンシーモデル」

私はP＆Gで営業本部長になる前、人事にも関わりを持っていました。そのときに学んだ

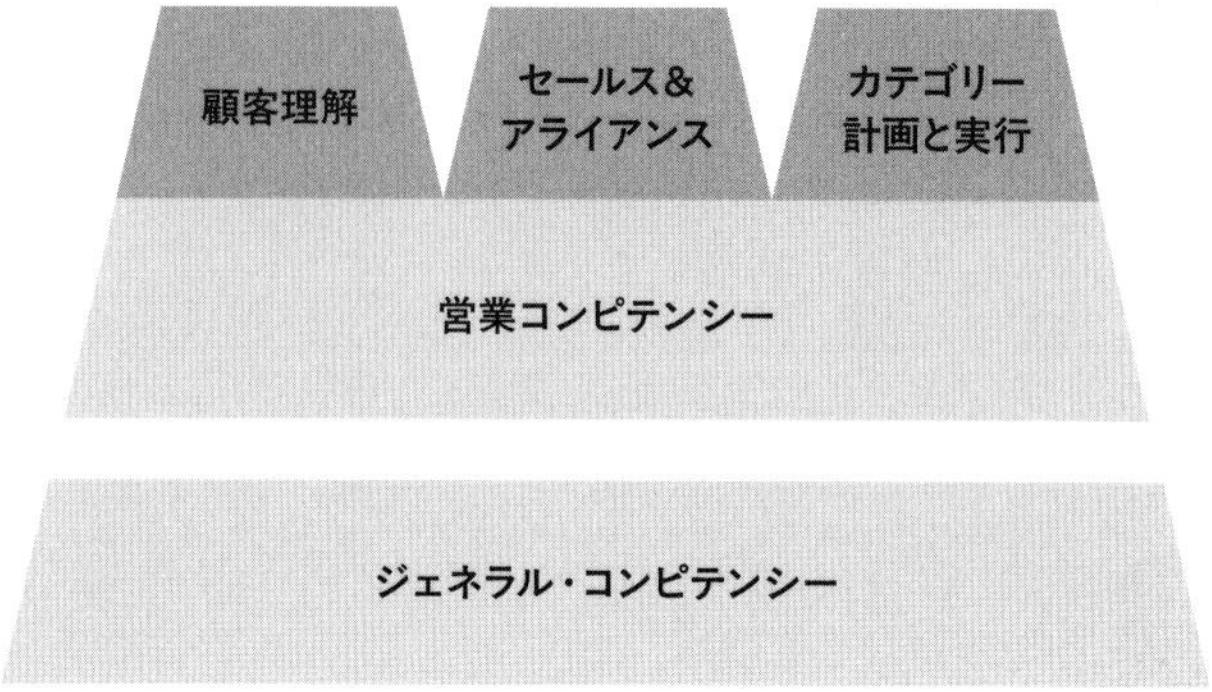

ことやマクドナルドでも考えていたこと、さらには独立後にクライアントの課題から教わったことなどを合わせ、自分なりの「営業コンピテンシーモデル」を作り上げ、定期的にブラッシュアップしてきました。

上の図に記しましたが、全職務に求められるのが、ジェネラル・コンピテンシーです。Ｐ＆Ｇでは50年ほどかけて、その本質を探っていました。キーワードは、コミュニケーションとリーダーシップと組織力。採用面接でも、この３つを見ます。

一方、営業のファンクショナル・コンピテンシーとなる「営業コンピテンシー」には３つがあります。「顧客理解」「セールス＆アライアンス」「カテゴリー計画と実行」です。

P.２２４の表は、これができたら相当に

いい組織ができるという要素をマッピングしたものです。

下の3段がジェネラル・コンピテンシーです。

職位別の各スキル要素は相互に補完し合い、営業は市場と得意先と消費者のダイナミクスに適応します。そして、「得意先との価値共創」を通して、売上を上げる。そのためのオペレーションに必要な、総合的なコンピテンシーとしてまとめました。

ファンクショナル・コンピテンシーは「顧客理解」「セールス&アライアンス」そして「カテゴリー計画と実行」という3つのカテゴリーと9つのスキルに分解しています。両コンピテンシーは合計で12個のスキルに分けられます。

それらを4つの役職別（ジュニア、シニア、課長・チームリーダー、部長・役員）に分解、全部で12×4＝48の構成要素に分類しています。

階層別に見ると、新入社員から経営層まで、それぞれの役割と責任に応じて、基本的な商談技術や製品知識、戦略的な思考、リーダーシップなどが必要とされることがおわかりいただけると思います。

ジュニアの従業員には、商品やカテゴリーの基礎知識、基本的な商談技術や顧客を理解する能力が求められ、営業とトレード・マーケティングの基礎を固めることに重点を置きます。

シニアスタッフには、より複雑な顧客の課題やニーズを理解し、ソリューションを提案す

営業コンピテンシーモデル

<table>
<tr><th colspan="3"></th><th>ジュニア</th><th>シニア</th><th>課長・
チームリーダー</th><th>部長・役員</th></tr>
<tr><td rowspan="9">ファンクショナル・コンピテンシー</td><td rowspan="3">顧客理解</td><td>顧客ニーズの理解</td><td>基本的情報収集・分析</td><td>SC/SWOT</td><td>経営課題理解</td><td>経営戦略理解</td></tr>
<tr><td>ユーザー・ショッパー理解</td><td>基本的消費者理解</td><td>ユーザー・ショッパー理解</td><td>ショッパーインサイト</td><td>データサイエンス</td></tr>
<tr><td>財務インサイト</td><td>プロモーションROI</td><td>PL</td><td>活動基準原価計算</td><td>バリュー・エンジニアリング</td></tr>
<tr><td rowspan="3">セールス&アライアンス</td><td>ショッパー・マーケティング</td><td>商品・カテゴリー知識</td><td>ショッパー・ターゲティング</td><td>コミュニケーションプランニング</td><td>ブランドマネジメント</td></tr>
<tr><td>商談・合意形成</td><td>説得的販売/SPIN話法</td><td>交渉</td><td>ディシジョンマッピング</td><td>VITOセリング</td></tr>
<tr><td>協働ビジネスプラン</td><td>協働マーチャンダイジング</td><td>ショッパー起点協働ビジネスプラン</td><td>協働スコアカード</td><td>アライアンス戦略</td></tr>
<tr><td rowspan="3">カテゴリー計画と実行</td><td>カテゴリーマネジメント</td><td>棚割りマネジメント</td><td>戦術（4P）マネジメント</td><td>戦略マネジメント</td><td>事業部マネジメント</td></tr>
<tr><td>オペレーション</td><td>インストア・マーチャンダイジング</td><td>店舗オペレーション</td><td>ロジスティックス</td><td>オペレーション最適化</td></tr>
<tr><td>説明責任</td><td>SMART目標設定</td><td>KGI/KPI</td><td>JBPビジネスレビュー</td><td>戦略展開</td></tr>
<tr><td colspan="2" rowspan="3">ジェネラル・コンピテンシー</td><td>コミュニケーション</td><td>ビジネスライティング</td><td>プレゼンテーション</td><td>ストーリーテリング/コンフリクトマネジメント</td><td>戦略的コミュニケーション</td></tr>
<tr><td>リーダーシップ</td><td>5Eリーダーシップ</td><td>シチュエーショナル・リーダーシップ</td><td>変革型リーダーシップ/危機管理</td><td>戦略的思考力/ガバナンス</td></tr>
<tr><td>組織力強化</td><td>PDCA・OODA</td><td>プロジェクトマネジメント</td><td>チェンジマネジメント</td><td>組織デザイン</td></tr>
</table>

る能力が必要で、複雑な交渉技術や顧客の課題解決能力、プロジェクト・マネジメント等のスキルを伸ばすことが重要です。
課長・チームリーダーには、より大きいチームを率い、組織の目標に沿った成果を出すためのリーダーシップや戦略的なマネジメント能力が求められ、アカウントマッピング、ショッパーマーケティング、チェンジ・マネジメント等の高度なスキルが重要になります。
部長・役員には、市場のトレンドを見極め、組織全体の方向性を決定する戦略的思考力や組織的なガバナンス能力等が必要です。

コンピテンシーモデルは、人事と協働し、各部門のリーダーが専門的スキルの情報収集と分析、各部門のハイパフォーマーへのインタビューなどを通して、共通する重要な行動特性を特定することが有効です。レベル別の行動指標とともにスキル・知識を体系化し、組織全体に展開します。

その活用領域は座学のトレーニングだけでなく、採用にも使うことができます。求める人材像の明確化、面接での評価基準としても活用できます。

また、人材開発では自己のキャリア開発とトレーニングプランの立案にも役立ちます。客観的な評価基準としての人事評価にも活用でき、適材適所の人材配置、後継者育成計画の策定にも利用することができます。

あくまで私の考える一つの参考モデルに過ぎませんが、経営陣、営業リーダー、営業パーソンが、この営業コンピテンシーモデルをもとにトレーニングを行い、キャリアパスを計画することができれば、営業組織、個人の能力開発を促進することの一助になると考えます。

さあ売るぞ！活力与えるストーリー

リーダーのコミュニケーションが営業を変える

営業をサポートする5つの項目、5つ目は「活力とモチベーション」です。もちろん営業スキルは重要ですが、それ以上にリーダーのコミュニケーションは、とてつもない破壊力を持つと私は認識しています。経営者や営業リーダーが営業組織全体に向けて発信するメッセージは、ただの情報伝達以上の重要な役割を担っているのです。

しかも、モチベーションの向上、目標達成の意識付け、自己成長の促進、企業文化の共有といった複数の意義を持ちます。

営業チームが日々、直面する挑戦や困難を乗り越えるため、メッセージは活力源となり、結果として組織全体の売上向上につながるのです。

重要なポイントは、メッセージにストーリー性を持たせることです。営業が行う仕事に対する意味を語ることで、内面的なモチベーションを引き出します。仕事へのやりがいを高め、エンゲージメントの向上にも寄与します。

高い営業目標にチャレンジする意味と目的を語ることは、目標に向かって努力するモチベーションを高めます。新しいアイデアが生まれ、組織全体のイノベーションが進み、その結果としてチーム全体の成果の向上につながります。

P&Gで中国赴任時代の上司であるボブ・フレゴール氏（後のP&Gグローバル営業本部長）は、“Happy Sales Sell More Cases”（幸せな営業担当者はより多くの案件を成約する）というフレーズをよく引用していました。

営業リーダーが自分のチームを鼓舞し、営業部員自身も自分のモチベーションを高めることの重要性をよく語り、私も彼のリーダーシップメッセージに何度も活力をもらいました。

米国ギャロップ社の調査によれば、**高いモチベーションで業務に取り組んでいる営業チームは、平均より20%も売上が良い**という結果が出ています。営業の生産性や売上成績は、営業担当者のモチベーション次第で大きく変わるのです。

では、リーダーがどのようにメッセージを伝達して組織に活力を与え、組織のパフォーマンス向上に寄与しているか、マクドナルドとマックスファクターのエピソードをご紹介します。

「セールス甲子園」：現場のプライドを賭けた闘い

マクドナルドの現場には卓越した実行力とサービスカルチャーが存在し、ゴールの達成指向性には、とにかく凄いものがあります。

毎年4月から5月にかけては、学生を中心とする新しいクルー（アルバイト）が入社し、年間で最も売上が高くなる夏のハイシーズンに向けて、トレーニングを通じてクルーの成長を促進させるという年間サイクルがあります。

私が営業本部長時代には、夏のセールスを最大化し現場の士気を高めるべく、毎年7月から8月に全国的なセールスコンテストを実施していました。

数多く行ったセールスコンテストの中で、最も現場が盛り上がり、売上が最大化されたのが、現場から提案のあった「セールス甲子園」という企画でした。

売上規模、立地条件、業態が同じ店舗同士をトーナメント方式により、毎週売上で競ってもらい、最終的に全国3000店の頂点を目指すというシンプルなものです。

ただし、敗者復活のあるトーナメントであり、勝負に負けた店舗も全国最下位にならないよう、最後まで戦い抜くという仕組みでした。

翌週の対戦相手が確定した段階で、店舗同士はお互いにエールを送り合い、勝利を宣言し、店舗のクルーも一緒になって盛り上がります。

店舗は攻めのセールスプランを立て、充分な資材を発注し、ピーク時間帯にはエース級のクルーを主要ポジションにスケジュールします。最高のQSC（品質・サービス・清潔さ）でお客様をお迎えし、週間・月間セールスレコードを更新することを目指しました。

私は〝プライドを賭けた闘い〟というキャッチフレーズを使い、現場のベストプラクティスを共有しつつ、熱意と創意工夫に対する感謝とエールのメッセージを毎週配信し、現場を鼓舞し続けました。

おかげさまで、その夏は大半の店舗がセールスレコードを更新。マクドナルドも月間セールスレコードを更新するという成果を上げることができました。

「マックスファクターWAY」：営業魂

P&G入社8年目、30歳の節目で、新たにM&Aで合併した化粧品事業「マックスファクター」のカスタマー・マーケティング部の責任者として異動しました。

「マックスファクター」のビジネスはM&Aの前から売上減少が続き、利益は赤字、お客様の満足度も業界最下位、ブランドイメージも競合の後塵を拝し、退職者が続いていました。

そんな中、当時サービスマンと呼ばれていた営業スタッフと、その上長である支店長、部長の中で、熱量とコミュニケーション能力が高く、人を魅了する情緒的知性の高い人材に数多く出会いました。

彼ら「マックスファクター」たたき上げの部長や支店長が、朝礼や営業会議でメークアップアーティストと呼ばれていた美容部員とパートナーストアと呼ばれていた化粧品店の店長や女性従業員に、モチベーションと自信を与える多くの場面に遭遇し、感銘を受けたのでした。

なぜ彼らはそのようなことができたのか。それは彼らが、営業のミッションやノウハウがパッケージ化された「マックスファクターＷＡＹ」のストーリーを叩き込まれ、自ら語り部として組織全体に共有できていたからです。

最初に「マックスファクターＷＡＹ」を語ったのは、１９５３年に日本市場に参入したときの初代ジェネラルマネージャーで、洞爺丸の事故で亡くなった故トーマス・ウェスト氏でした。

その後、歴代のＧＭや販売会社の社長、経営幹部が独自のストーリーをアレンジし、「マックスファクターＷＡＹ」を語り継ぎ、美容部員のトレーニングや営業トレーニング、化粧品店のセミナーなどで、多くの関係者が同じミッションや理念を共有していました。それが、ユニークな営業組織カルチャーを作り上げていたのです。

私の心に刺さった言葉は枚挙にいとまがありませんが、その中でも特に気に入っているのが**「10人目のお客様に断られても11人目のお客様が買ってくださるかもしれない。君の仕事はお客様を見つけることだ。」**という営業の執念の大切さを語る言葉でした。

チームや部下に伝えたい、活力の出る5つのストーリー

これまで私は営業に関して多くの書物を読んだり、話を聞いてきましたが、仕事と向き合う姿勢に少なからずインパクトを与えたストーリーの中から、5つをご紹介したいと思います。

現代の価値観にそぐわない表現は、独断で修正や解説を加えましたが、ストーリーのオリジナリティと意味を捻じ曲げてしまいかねないと判断したものは、オリジナルの表現をそのまま使用しています。

アフリカの靴のセールスマン・ストーリー

米国と英国の商社から靴のセールスマンがアフリカに到着した。アフリカの先住民がみんな裸足で歩いているのを見て、英国のセールスマンは、これでは売れないと思い込み「ゼンブ ハダシ クツハウレナイ」と打電し帰国してしまった。

一方の米国のセールスマンは、裸足の先住民達を見て喜び、その一人ひとりに靴を履く生活を教え、持って来た靴すべてを売りつくし、さらに多くの追加注文を本国に打電した。目の前で起きている現実はまったく同じでも、ものの考え方、捉え方、感じ方で大きな差が出てくる。

この物語は、営業職はもちろん、人生で困難に直面しても常に積極的に物事を考え、前向きに行動していかなければならないことを教える。同時に課題の見方、捉え方にも示唆を与えている。

レスポールのストーリー

〝それができないことが証明されるまで、できないと言うな〟

彼は子供の頃、道路作業員のおじさんにハーモニカを持たされ「坊や吹いてみなよ」と言われた。彼が「吹けないよ」と言うと、作業員は「やってみなければわからないじゃないか」と言った。それからハーモニカを吹くようになり、段々上手に吹けるようになった。そして、その後、音楽に興味を持ち、著名なギタリストになった。

ところが、彼は交通事故に遭い、運び込まれた病院の医師に「片腕を切断しなければ駄目だ」と言われた。彼は、「そんなに簡単に言わないで、なんとかこの腕を切断しないように考えてください」と頼んだ。すると医師はレスポールの言葉を聞いて「良い教訓を得た」と言った。

なんとか腕を切断しないでよい方法を研究し、鉄で支えることで見事に成功した。彼はその後、この鉄で支えた腕でギターを弾き、全世界にその名を響かせた。〃できないことはない〃という彼の勝利への執念と情熱がこの物語に表れている。

盥の笹舟ストーリー

盥《たらい》の水の中に笹舟を浮かべる。この笹舟を手で抓《つま》み、持ってくるのではなく、自分の方へ寄せるためにはどうしたら良いか？

手で手前に水をかいても笹舟は寄って来ない。反対に、笹舟の方へ水を送ってやれば、自然に笹舟は手前にまわってくる。水の流れにのせるのだ。むしろ水を向けていくことである。「まず、与えよ、さらば与えられん」、「汝が望むが如く、相手に施せ」は「Give and Given」の精神を示したものである。商売とは商談の成約に先行し、見返りを期待せず、利他の精神で得意先にサービスを行う心構えが重要なのだ。その態度が結果的に信用を築き、継続的な実績につながる道であることを忘れてはならない。

山嵐の距離のストーリー

ある寒い夜、2匹の山嵐が山中で激しい吹雪に巻き込まれ、凍死寸前の極限状態に陥った。

2匹いるのだから体を寄せ合い、お互いの体温で温め合えば助かるのではないかと話を決めた。

ところが、2匹が力一杯抱き合うとお互いの針が刺し合って痛い。かといって、離れ過ぎると寒い。それを何度も繰り返した結果、針が刺し合わない程度で空気を対流させ、ほどよく温め合った。それによって助かったのである。

この〝山嵐の距離〟は、友達同士はもちろん、夫婦・親子の間、上司と部下の間、そして営業担当者とバイヤーの間、お店の従業員とお客様との間にも当てはまる。本当の人間関係には、適切な「心の距離感」が必要なのである。

ザ・カシードラル・ストーリー

旅人がある町角の工事現場で、レンガを積んでいる職人に出会った。その一人の職人に「何ができるのですか」と尋ねたところ、職人は「何ができるのか知らないよ。親方から今日の仕事場はここだと言われて、レンガを積んでいるわけよ」と答えた。

次の職人にも同じ質問をしたところ、「聞くまでもないことよ、給料を貰うためさ」と答えた。

そして、もう一人の職人は、旅人の同じ質問に対し、「この町の信者たちの浄財で教会を建てているのです。この地方一番の立派な後世に残るような教会にと、信者たちの気持ちになってレンガを積んでいるのです」と答えた。
リーダーの発信するビジョンやミッションのメッセージを聞き、従業員が仕事の意味と目的を理解し、高い理想、プライドを感じて共に働いてくれるかどうかで、事業の結果は大きく違ってくることを指摘した物語である。

5つのストーリーをご紹介しましたが、リーダーが発信する内発的動機付けのための、ストーリー性のあるメッセージの意味と影響力をご理解いただけたと思います。

P&Gはリーダーに必要な要素として、「5Eリーダーシップ（Envision, Engage, Energize, Enable, Execute）」を定義しています。本社や経営陣が現場の営業チームを支援し、彼らが本来持っている力を発揮する環境を整えるための5つの支援項目、方針、組織体制、業務効率化、人材育成、活力とモチベーションの必要性を示したものです。
それは、営業リーダーがチームメンバーに目的、目標、戦略、評価指標（OGSM）を持って組織の目指す方向性と期待を具体的に示し（Envision）、報酬や昇進だけでなく、仕事自体に意義と喜びを見出すことのできる内発的動機付けのメッセージを発信してチームメンバーに活力を与え（Energize）、社内外の協力を仰ぎながら現場の後方支援体制を築き（Engage）、人材育成と業務効率化で生産性と働きやすさを向上し（Enable）、率先垂範しながら組織を動かして結果を出す（Execute）ことでした。

このフレームワークの重要性を、この章の締めのメッセージとしてお伝えしたいと思います。

終章

私がいつも大切にしていた10のこと

営業をテーマにした本でもありますが、終章では私個人として、特に若い読者の方々にお伝えしたいと思ってきた内容を記しました。私自身が、いつも大切にしていた10のことです。

意義と目的を考える

自分はこの仕事を何のために行っているのだろう？　仕事で壁にぶち当たったとき、自問自答することがあります。

バイヤーへの提案準備や大きなプロジェクトの社内資料を作成している際、この提案が自分にとって、会社にとって、得意先にとって、お客様にとってどんな意味があるのだろう？この提案がバイヤーに受け入れられると店舗のスタッフにとって、お客様にとってどんな影響があるのだろう？　会社にとって直接的な売上・利益のインパクトがない、むしろコスト増につながる環境対策のプランを経営陣に提案したとき、どのようにこのプロジェクトのもたらす社会的価値の意味づけをすれば社長が興味を示してくれるだろうか？

これまで、上司から不合理な指示命令を受けたり、社内稟議や商談がうまくいかずに心が折れそうになることを何度も経験しましたが、目の前の仕事が与える意味やインパクトを利己的、利他的、経済的、社会的、環境的など、いろいろな視点から考えていると、その意味の深さと奥行きを、自分なりに解釈できるようになりました。

一見、不合理に感じる仕事でも意義深く、学ぶことも多いと考えるポジティブさと、仕事を通じて社会貢献しているという社会とのつながりを感じると、粘り強く商談や社内交渉をする意欲が湧き、前向きに仕事ができるようになっていきました。

また、部下やまわりの関連部門が素直に受け入れてくれなさそうなコスト削減などの難しいプランを説明する際にも、反対意見に耳を傾けながらも、その意義と目的を正直に誠実に伝えることで、賛同を得て計画を推進できた経験を何度もしています。

聴いて心を通わせる

新人営業マンの頃、「全温度チアー」「ミューズ石鹸」「パンパース」といった洗剤・石鹸・紙おむつの商談を担当していました。事前準備でまとめた資料に沿ってバイヤーに伝えたい内容を一生懸命説明するのですが、なかなかバイヤーは興味や関心を示してくれません。自分のトークがスベりまくっているのではないか、という不安と恐怖を感じながら商談するという苦い体験を味わっていたのでした。

そんなとき、先輩の商談に同行する機会がありました。先輩はバイヤーの話にアイコンタクトや相槌を打っていました。適宜メモを取りながら誠実に耳を傾けていました。プレゼンの途中、ときどき巧みに質問をしながら話を聴いて心を通わせていました。

バイヤーと信頼関係を築きながら商談を成立させる姿に接し、聴くコミュニケーションのパワーを痛感したのでした。

営業としては当たり前過ぎることですが、話を聴くことで、バイヤーのためを思い、バイヤーに合わせ、バイヤーの言葉に関心を示し、理解しようとしている姿勢が伝わり、親近感を感じてもらえるのだと思いました。

その結果、バイヤーはこちら側に信頼感を抱きやすくなり、こちらからの提案に耳を傾けてくれるようになり、得意先にとって自分が有益な存在と認識されるのです。そんな経験を何度もし、いつしか無意識に実践できるようになりました。

NLP（神経言語プログラミング）という「脳の取扱説明書」ともいわれている理論によると、人間は深い部分で安全・安心感を求めており、心理的距離が近いと感じる人に対して、安心感と親近感を抱くようになるのだそうです。聴いて心を通わせることの意義を裏付けてくれています。

勇気を持って話す

M&Aで合併した後の大衆薬、化粧品、ペットフードカテゴリーなど、新しい部門（会社）の人たちとの会議。営業や他部門のシニアマネジメントとの会議。外国人との議論。グローバルチームとの会議やトレーニング。そうした場で、なかなか自分の発言ができず、むなしさと悔しさを味わうことが少なくありませんでした。

特にP&Gに入社した当時の私の英語力は同期の中でも最低レベルで、自信と勇気がなかったのも原因でした。

短期間でしたが幸いにも入社4年目で米国で語学研修を受けることができ、簡単な会話ができるぐらいまではコミュニケーション力がつきました。

そんな折、化粧品ビジネスの会議が台湾で開催され、台湾チームのベストプラクティスを学ぶ機会をもらったのですが、ここで衝撃を受けたのでした。

当時、台湾の化粧品カテゴリーの営業企画チームリーダーであるチャールズは、台湾人でした。彼は英語の単語や文法の知識とスピーキングスキルはそれほど高くないのにもかかわらず、失敗を恐れず文法的にかなり不正確なメッセージをマシンガンのように自信満々で次から次へとぶっ放していたのです。

しかし、マシンガンのような彼のメッセージでも、なぜか米国人、台湾人、日本人を含む会議参加者との意思疎通が、十分に成り立っていたのです。

それまで英語が苦手な典型的な日本人のように、私も英語の文章を読み、書き、聞くことはある程度はできましたが、口頭でのコミュニケーションに関しては自信がありませんでした。

正しい文法や表現方法に気を遣い過ぎるあまり、対話の輪に入る勇気が生まれず、英語の会議ではついつい大人しくなってしまっていたのです。ましてやアウェーである海外の会議では二枚貝のように閉じこもってしまっていました。

チャールズとの出会いは、弱虫な私に「大喝」を入れてくれ、その後、どんな会議でも失敗を恐れずに英語でも日本語でも自分の意見を堂々と述べるようになりました。

変革をリードする

「マックスファクター」に異動後、営業企画（トレード・マーケティング）チームの責任者として新取引制度のプロジェクトリーダーを務めている際、大阪にある化粧品チェーンの社長に「No pain, no gain」という言葉の意味を教わりました。

その後、複数の業務プロセスやビジネスの仕組みを変革するプロジェクトをリードする際、それが大きな勇気を与えてくれました。

「No pain, no gain」は、努力や犠牲なしには価値ある成功や利益は得られないという意味のことわざです。語源としては古代ギリシャの詩人ヘシオドス（紀元前750－650年頃）の作品に類似の表現が登場するそうです。

振り返ると、P&Gでの化粧品の流通戦略、日用雑貨の取引制度改革、営業企画（トレード・マーケティング）組織強化、マクドナルドのフランチャイズ化、営業組織改革、ダイバーシティ、働き方改革、サステナビリティなど、多くの改革をリードする機会を得ましたが、そのたびに不安や痛みを伴いました。

物議を醸すような改革ほど、当初は抵抗勢力の説得と懐柔に苦労をします。しかし、粘り強くコミュニケーションすることで理解を得られ、最終的には会社とお客様、従業員、得意先にメリットのある結果につながっていったのではないかと感じます。

テーマを絞って本を読む

20代の半ば、米国での語学研修中にサンフランシスコの本屋で『If I Knew Then What I Know Now（今知っていることを当時知っていたら）』というタイトルの本を偶然見つけました。

その本には多くの知恵が詰まっていましたが、中でも心に刺さったのが、「学びのテーマを決め、集中的にそのテーマに関係することを学び続ける」でした。

明確なテーマ設定をせずに手あたり次第に本を読み漁ったり、セミナーに参加するのではなく、仕事の重要課題やキャリアビジョンに基づいて学ぶテーマに優先順位をつけるということです。

そして、選んだテーマについて深く掘り下げ、繰り返し継続的に学び続けることで深い理解を得て、そのテーマでの強みを築くことができるのです。

私はその後、毎年お正月にその年の1年間の学びのテーマを2つだけ選択し、年間を通じてその分野の本や記事を中心に勉強するよう、テーマをローテーションするようになりました。

これまでテーマにしてきたものはリーダーシップ、営業、マーケティング、財務、英語、テクノロジー、経営戦略、人事、サステナビリティ、リスク管理、働き方改革などがあります。

また、ノウハウ本ばかりではなく、たまに小説や歴史本を読み、テレビの特番を視聴します。先人たちがどのような状況で、どのような理念を持って、どのようなノウハウを使い、どのような態度で行動を起こし、歴史や周囲の人々を動かしたかを頭で理解し、心で感じることも重要だと考えます。

学んだことはすぐ試す

30代中頃で米国勤務をしているとき、営業本部の人事部長から十数冊の本を勧められました。その中の一冊『What Every Manager Should Know About Training（トレーニングに関し、すべてのマネージャーが知っておくべきこと）』から多くの気づきを得たのを今も覚えています。

特に影響を与えられたのは、成功する事業のパフォーマンスは、1．Skill: スキル、2．Opportunity to perform: 実践機会、3．Self-Confidence: 自信、4．Support Environment: サポート環境の4つの要素がすべて揃っていることが重要だというものです。

この中の2つ目の実践機会が自分には、そして自分の組織には欠けている点だと痛感しました。その後、本を読んだり、トレーニングに参加した後、忘れないうちに実践してみるルーティーンと、チームに実践してもらう習慣付けを心がけるようになりました。

本書で紹介した「コンセプチュアル・セリング」「JBP（協働ビジネスプラン）」「ショッパー・マーケティング」などは、座学で学んだだけではそうそう簡単に身につけることはできません。

しかし、仕事で実践する機会を自ら作ることでスキルが上達し、業績向上に活かせるようになるのです。

人脈を増やす

営業がバイヤー、得意先の経営幹部、ビジネスパートナー、店舗従業員、社内の経営幹部、社内専門スタッフとの人脈を増やし成果を上げることは、ビジネス機会を拡大し、信頼と信用を構築するための重要な戦略です。

多様な人脈を持つことで、最新の市場情報やトレンドにアクセスできます。強固なネットワークは、新規顧客の獲得や既存顧客との関係強化にもつながり、長期的なビジネスの安定と成長を支えます。

その実現のために、日頃から誠実かつ率直なコミュニケーションをベースとし、各関係者に対して必要に応じて個別に支援や価値ある情報を提供し、問題解決に寄与する姿勢を示し、普段から協力関係を築くことを心がけています。

私がマクドナルドでオリンピックプロジェクトを担当しているとき、あるキッズプログラムがありました。それは、リオデジャネイロ・オリンピックの開会式に世界中から集まった子供たちが、各国の選手団と入場行進をして大会を盛り上げるという企画でした。

日本も参加することになったのですが、そのプログラムアンバサダーに就任していただいたのは、オリンピック柔道で世界初の3連覇を成し遂げた野村忠宏さんでした。

ところが、オリンピック期間中、某テレビ局のメインキャスターを担うとのこと。現地でマクドナルドの企画に参加して子供たちと触れ合い、メディアのインタビューを受ける時間がなくなる可能性が判明したのです。

そんな折、近所の行きつけのバーのマスターがそのテレビ局のスポーツ担当局長と顔見知りであることを知りました。紹介してもらって交渉した結果、現地での野村さんの時間を融通してもらうことができ、キッズプログラムにご参加いただけたのでした。

そのおかげもあって、このプログラムはメディアやSNSを通じて大きく認知され、マクドナルドの社会貢献活動の認知率向上に貢献してくれたのでした。思わぬ人脈が、思わぬところでつながり、仕事に活きたりするのです。

自分ブランドの社長を演じる

30代後半に消費者・市場調査部門にいる友人からトム・ピーターズ氏の『ブランド人になれ！』という本を紹介され、自分の仕事への向き合い方がより楽しくポジティブに進化しました。

この本は、個々人がセルフプロデュースを行い、自分自身をユニークなブランドとして確立し、競争が激しいビジネス環境において、個人が自己を差別化し、キャリアを成功させるためのノウハウ本でした。

自己分析を通じて自分が提供できる価値を理解する。自分の強みやスキルを明確にする。それを「商品」として捉え、他者に効果的に伝える見た目やコミュニケーション方法、ネットワーキングの仕方などを考える必要がある。

自分のブランドは、一貫性を持って他者に伝わることが重要なのです。そして自分のブランドを維持し、成長させるためには、常に新しい知識やスキルを学び続けることが重要になります。

私はピーターズ氏のコンセプトをベースに、あたかも自分が自分ブランドを管理するプロダクションの社長であるかのように演じるようにしました。雇われている使用人ではなく、会社と同じミッションを共有するパートナーとして、会社に対して上下関係ではなく、対等にモノが言える関係になるべきだと考え始めたのです。

そうすると、仕事がより楽しく感じられるようになり、勉強にも熱が入り、人脈も広げたくなりました。自分の健康管理にも気を付けるようになり、プライベートも仕事もより充実感を味わえるようになったのでした。

逆境も楽しむ

一緒に仕事をした仲間からときどき「ポジティブ、打たれ強い、鈍感力がある、メンタルが強い」と言われることがあります。しかし、初めからそのようなしなやかさが身についていたわけではありません。

これまで、仕事の失敗、左遷、阪神・淡路大震災、重大な事件・事故など、さまざまな危機に遭遇するたびに打ちひしがれ、もがき苦しみ、立ち上がってきたのです。

そのたびに精神的にタフになり、おのずと危機管理や事業回復のノウハウも身につき、何事も許容する能力が向上してきたのだということが、40歳を迎えた頃から少しずつ実感できるようになっていった気がします。

逆境に遭遇したときは、今さら変えられないことは悔やんでも仕方がないこととして受け止めました。これから自分の行動で好転できる重要なことにだけ集中し、一生懸命に取り組んでいきました。

そうしているうち、長いトンネルの出口に光が差し、ついにはゴールが見えてきて最後にたどり着く。そんなふうにメンタルが変化する感覚は、私も行っているフルマラソンに近いかもしれません。

また、私はおっちょこちょいでよく忘れ物をすることが少なくありません。普段、雨の日はコンビニで買ったビニール傘を使っていますが、ときどき大雨の日に、気分を変えて歩くことを楽しむようにしています。普段あまり使わない、ちょっと高級な傘を差して歩くのです。

それだけのことですが、傘を開くときの張りの強さ、留め金にカチッとはまる音、大粒の雨が張られた傘布にあたり響く音感、傘を閉じたときの雨水のはけのキレとスピード、傘のカバーをつけるとスリムなステッキのように締まる美しいアピアランスなど、大雨のときにしか体験できないこれらの楽しさが、鬱陶しい大雨の中の外出にちょっとした幸せを与えてくれます。

これからも困難に直面したり、複雑で難しい案件をもらったときも、フルマラソンの感覚で受け止め、大雨の日の傘のようにちょっと違う視点を楽しむ工夫をしたいと思います。

お世話になった人に感謝する

営業は個人のスキルと行動によって他者とは違う大きな成果を残すことができます。しかし、スポーツに例えるならば個人競技ではなく団体競技の性質が強いと思います。

自分が成功するために助けてくれた会社や上司。営業の基本を教えてくれた先輩。困ったときに相談に乗ってくれた同僚。一緒に得意先の売り場作りを手伝ってくれた後輩。提案を受け入れてくれたバイヤー。一流のものの見方、考え方を教えてくれた得意先の創業者。商品を品切れすることなく供給し続けてくれたサプライヤーの担当者。そして現場でお客様に最高の経験価値を提供してくれた店舗従業員と商品をご愛顧いただいているお客様。

これらの方々の〝おかげで〟自分の仕事と生活が持続できている〝ありがたさ〟を、いつまでも心で感じ続けられる人間でありたいと願っています。

おわりに

本書でも少しご紹介しましたが、セブン&アイグループ創業者の故伊藤雅俊名誉会長にお会いしたときのことを、今でもよく覚えています。何より商売人と経営者の見方・考え方を学ばせていただきました。

２０００年頃、P&Gの全営業チームは、得意先の経営層に対して関係構築をすることに取り組んでいました。当時、セブン&アイグループのカスタマーチームの担当部長であった私が、あるご縁から伊藤名誉会長をご紹介いただいたのは、先にも記したとおりです。

その後、定期的にお会いして勉強させていただく、貴重な機会を頂戴しました。お会いする際には、特に商売に直結するような事前のアジェンダはありませんでした。

ただ、ときどき名誉会長から「これこれについて教えて欲しい」というご依頼をいただきました。雲の上の方にお会いする機会ながら、自分の不勉強により名誉会長にとって価値のない無駄な対話になってはいけないという想いで、必死になって情報を探り、多くの本や資料を読むことを心がけました。

グローバルP&Gの経営戦略、最新のビジネスマネジメント理論とツール、そして日本国内で成長している小売企業の動向や店舗作りの最新状況などを猛烈に調査し、勉強し、名誉会長との面談のトピックとして活用していきました。

他方、名誉会長からは小売業の経営論、グローバルの情勢や、ピータードラッカー氏をはじめ世界的に交流された著名人、ご自身で購入された興味深い商品、世界の株式市場とトップ企業の株式時価総額など、さまざまな経済情報やストーリーをご教授いただきました。

名誉会長と対面でお寿司を食べながら会談させていただいた際、口をもぐもぐしながらお話を伺ったり、話をすることは憚《はばか》られました。途中、何度も「遠慮なく食べるように」と名誉会長に促されましたが、なかなか箸は進まず、名誉会長が完食された時点で、私はお寿司にほとんど箸をつけることができていなかったことを思い出します。

名誉会長から一流の経営者の視座や考え方、所作やおもてなしの作法などを学ばせていただいたことは、私にとって一生の宝物です。その後のプロフェッショナルライフを生き抜く上で大きな智恵と自信を与えてもらえたことは、感謝の念に絶えません。

加えて、これまで私が営業マンとして成長する過程において、大変お世話になった方々に心より感謝を申し上げたいと思います。

P&Gジャパンに入社してから最初の5年間、井ノ内邦典さん、宮野入達久さん、森田光政さん、新井俊佑さん、種村伊祥さん、執行勝行さんには、営業及び流通戦略という仕事への取り組み仕組み姿勢や基本スキルを厳しくご指導いただきました。

P&Gジャパンの元社長の故ダーク・ヤーガー氏とボブ・マクドナルド氏（共に後のグローバルCEO）からは消費者起点の流通変革を行う勇気をいただきました。

90年代中盤以降の営業本部長の故マイク・ライアン氏（後にグローバルの営業本部長）は、全カテゴリーの取引制度改革（BDF導入）という重要なプロジェクトのリーダー職に、当時、経験の浅かった筆者を任命いただき、大きく成長する機会を頂戴しました。

マックスファクターの初代日本GMであった故トーマス・ウエスト氏の販売哲学を実践し、そのストーリーを語り継いできた諸星智氏をはじめとする諸先輩方にはストーリーテリングと現場従業員（美容部員）のエンゲージメントの重要性を学ばせていただきました。

ジョイフル本田の元社長である松山茂氏からはサプライヤーと小売業とのパートナーシップの本質的な意味と、多くのお客様（ショッパー）のインサイトを学ばせていただきました。

マクドナルドの大先輩である元副社長の故下平篤雄氏、多くのフランチャイズオーナーからは、従業員価値提案（EVP）とお客様の店舗体験価値（QSC&V）の重要性を学ばせていただきました。

マクドナルドのサプライヤー各社には、QSC&Vの理念を共有していただき、安全・安心な品質管理、安定供給、メニュー開発、店舗オペレーションの負荷軽減、コスト削減のための物流改善、持続可能な調達を実現していただきました。パーパスにも共感いただき、ドナルド・マクドナルド・ハウスへのチャリティ活動などでも多大なご支援を頂戴し、事業成長と企業価値向上にご貢献いただき、感謝しています。

尚、最後になりましたが本書の制作にあたっては、ダイヤモンド社の編集者、亀井史夫さんにお世話になりました。構成にあたっては、ブックライターの上阪徹さんにお世話になりました。

また、実業家・経営コンサルタントの西口一希さん、経営コンサルタントの楢村文信さんにもコンテンツ構成等で多くのアドバイスをいただきました。この場を借りて、御礼を申し上げます。

日本の営業力の向上に、本書が少しでもお役に立てることができたなら幸いです。

2025年1月　宮下建治

［著者］

宮下建治（みやした・けんじ）

1985年、慶應義塾大学商学部卒業後、P&Gファー・イースト・インク（現在のP&Gジャパン）営業本部入社。日用雑貨、一般用医薬品、化粧品、ペットフード事業の営業と営業企画を担当。プロジェクトリーダーとして多くのカテゴリーの流通戦略と革新的な取引制度をリード。米国本社勤務を経て、P&GジャパンのB2Bマーケティング組織の開発、ソリューション営業の体制を強化。中華圏の化粧品&スキンケア事業の営業ディレクターを経て、2005年よりP&G北東アジア営業統括本部長兼P&Gジャパン取締役営業本部長としてジレット、ウエラ2社の統合と営業組織強化に貢献。07年、日本マクドナルド株式会社に入社し、上席執行役員チーフ・オペレーション・オフィサー（COO）として店舗のピープル&オペレーションの強化とフランチャイズ化をリード。15年より日本マクドナルドホールディングス株式会社 取締役執行役員としてサステナビリティ、渉外、総務の責務と店舗開発をはじめ複数のプロジェクトをリード。23年、躍進創美合同会社を設立し、消費財メーカーとスタートアップ企業の経営と営業戦略のコンサルティングおよびアドバイザーを務める。

営業戦略大全

――世界レベルの利益体質をつくる科学的ノウハウ

2025年2月17日　第1刷発行

著　者――宮下建治

発行所――ダイヤモンド社

〒150-8409　東京都渋谷区神宮前6-12-17

https://www.diamond.co.jp/

電話／03･5778･7233（編集）　03･5778･7240（販売）

構成――――上阪徹

装丁･本文デザイン―萩原弦一郎（256）

DTP･図版作成―スタンドオフ

校正――――鷗来堂

製作進行――ダイヤモンド・グラフィック社

印刷――――新藤慶昌堂

製本――――加藤製本

編集担当――亀井史夫（kamei@diamond.co.jp）

ISBN 978-4-478-12153-5